Par Jean André (et d'après d'autres Jean Anne) Perreau.
Voy. Barbier et Quérard.

LE ROI VOYAGEUR.

LE ROI VOYAGEUR,

OU

EXAMEN

Des abus de l'Administration de la Lydie.

A LONDRES,
Chez T. P. CADEL, dans le Strand.

M. DCC. LXXXIV.

PRÉFACE.

FEU M. Van-Duren, mon intime ami, ancien Professeur en toutes les sciences divines & humaines, de la très-célebre Université de Louvain, me montra, un jour en causant dans sa bibliotheque, un livre écrit, me dit-il, en mauvais latin, mais qui, autant qu'il avoit eu la patience d'en déchiffrer quelques lignes, lui paroissoit contenir quelques détails assez curieux. Je le priai de me céder ce livre ; ce qu'il fit volontiers, car il n'en pouvoit supporter le mauvais latin. M. Van-Duren avoit élevé cette cette langue à son plus haut degré de perfection dans des harangues qui sont, avec les Auteurs du siecle d'Auguste, l'objet de l'admiration de Louvain & de l'univers.

En ouvrant le manuscrit, je vis d'abord qu'il étoit traduit du grec en latin, par un Auteur du douzieme siecle, &

qu'il renfermoit l'hiſtoire des voyages d'un Roi de Lydie dans l'intérieur de ſes Etats, & *incognito.*

Le plan de l'Ouvrage me plut : comme je ne ſuis ni ſi habile, ni conſéquemment ſi difficile en latin que l'étoit feu mon intime ami M. Van-Duren, j'eus le courage non ſeulement de le lire juſqu'au bout, mais encore de le traduire, & c'eſt cette traduction que j'offre au Public.

Je dois avertir que j'ai très-largement uſé des droits que s'arrogent communément les Traducteurs, ſur-tout quand ils ſont aſſez heureux pour avoir affaire, comme moi, à des Originaux que perſonne ne connoît. J'ai ajouté, retranché, & ſouvent même, pour éviter les difficultés, j'ai tout ſimplement paſſé ce que je n'entendois pas. Je me ſuis auſſi permis de m'éloigner de la vénérable antiquité, quand j'ai vu qu'autrement il me ſeroit très-difficile de me faire comprendre. Il m'a paru bien néceſſaire de prévenir sur cette liberté le reproche que les Sçavants feroient en droit de me faire, & de les assurer que mon Auteur n'est point coupable de ce délit; il a religieusement observé de respecter, dans les moindres détails, tout ce qui tient, je ne dis pas seulement aux loix, usages, coutumes, &c. mais encore à de simples dénominations qu'il a même conservées en pur Lydien. Il est probable que l'Auteur Grec qu'il traduisoit, lui avoit donné l'exemple de ce respect, exemple que je n'ai pu suivre, par la raison que mon but étant de tirer quelque chose d'utile de ce livre, il étoit indispensable pour cela de me faire lire & comprendre. Telle est ma justification. Je prie tous ceux dont les connoissances aussi sûres que profondes remontent plusieurs siecles au-delà du siege de Troye, de vouloir bien se la répéter, s'ils ne dédaignent pas de parcourir un ouvrage présenté sous une forme un peu rajeunie. Voilà pour les anciens. Je dois encore prévenir les modernes, avec lesquels il n'eſt ſouvent pas plus facile de traiter, que dans les fréquentes occaſions que j'ai eues de mettre en ſcene des gens du peuple, je n'ai pas jugé à propos de les faire parler un langage qui fût abſolument le leur pour l'expreſſion ; je me ſuis borné à leur en donner un ſimple & naturel. J'ai cru qu'une illuſion plus parfaite auroit été achetée par beaucoup d'ennui & de fatigue.

Comme Auteur, Traducteur & Lecteur, je n'aime pas les longues Préfaces. Je finis donc ; l'Ouvrage dira le reſte.

LE ROI VOYAGEUR.

CHAPITRE PREMIER.

Qu'on ne peut ſe diſpenſer de lire.

LE Roi *Melès* entroit dans ſa vingt-cinquieme année quand il monta ſur le Trône de Lydie : juſques-là ſon éducation avoit été fort négligée : ſes inſtituteurs s'étoient bornés à lui apprendre l'étiquette de la Cour pour former ſon eſprit ; & pour former ſon cœur, quelques principes tels que ceux-ci : qu'un Roi ne doit connoître d'autre Loi que ſa volonté, qu'avec des Édits & des Ordonnrnces il n'y avoit de difficultés à rien. Ce Prince étoit né avec un grand fond de raiſon & de droiture, l'amour de l'ordre & de la vérité étoit la premiere des heureuſes diſpoſitions qu'il avoit reçues de la Providence. Souvent il lui arrivoit de douter de la juſteſſe des principes établis, & de croire que l'inſtruction qu'il avoit reçue pourroit bien n'être pas tout-à-fait la vraie. Il n'avoit négligé aucun des moyens propres à s'en procurer une meilleure, mais c'étoit-là le difficile : tout ce qui l'entouroit avoit à-peu-près le même langage, & ſes Miniſtres l'aſſuroient que tout alloit à merveille. Iſmin, dit-il un jour à un jeune Seigneur compagnon de ſon enfance, avec lequel il s'étoit lié d'une étroite amitié ; j'ai peine à croire que les affaires aillent auſſi bien que le diſent mes Secrétaires d'État, je le vois à l'incertitude de leurs principes. L'un veut la paix, l'autre propoſe la guerre, celui-ci imagine un nouveau projet de Finances, celui-là ſoutient qu'il faut s'en tenir à ce qui a été imaginé, & doubler l'impoſition ſans rien changer à la forme ; cependant les repréſentants des Province m'adreſſent de bien triſtes harangues, & quoi que puiſſent en dire mes courtiſans qui ſoutiennent que ce ne ſont que des lieux communs auxquels ils ont recours pour avoir quelque choſe à dire

& faire du pathétique, je ne ſçaurois me perſuader que mes peuples ſoient heureux ſous le régime d'une Adminiſtration dont la marche eſt ſi incertaine : mais où trouver la vérité ? Qui m'éclairera ?

Être des Êtres, ſource éternelle de lumiere & de juſtice, unique Créateur, ordonnateur & conſervateur de tout ce qui ſe meut & reſpire, s'écrie avec tranſport le bon Prince, aurois-tu abandonné les Nations & leurs Rois aux vains ſyſtêmes du caprice & du haſard ! Non, non, il n'eſt rien d'arbitraire, tout eſt ſoumis à des loix éternelles & immuables ; l'adminiſtration des Empires doit auſſi faire partie de l'ordre univerſel que j'admire. Mais ce n'eſt pas aſſez, ajoute le ſenſible Monarque en verſant un torrent de larmes, de m'avoir donné un cœur ami du bien, daigne éclairer mon intelligence pour le connoître, ce n'eſt qu'à cette condition que je puis regarder comme un bienfait de ta Providence le rang dans lequel tu m'as placé. » Seigneur, reprit le jeune Confident en mêlant ſes larmes à celles du Prince, » je ne vois pour Votre Majeſté qu'un moyen » de s'inſtruire & de connoître la vérité, » c'eſt de parcourir ſes États, en obſervant » *l'incognito* le plus ſcrupuleux. Si vous les

» visitiez en Souverain, il est très-sûr que ce » seroit ne pas sortir de votre Palais ; vous » ne trouveriez à votre passage que des fê» tes & des gens heureux ; assurément cela » ne vous apprendroit rien. Il faut que vos » Peuples ignorent que vous êtes au milieu » d'eux & que vos Ministres même ne s'en » doutent pas. » Ce projet me ravit, reprit vivement le Roi, le Ciel sensible à ma priere te l'a sans doute inspiré ; tu m'accompagneras, cher Ismin, tu seras le seul. Il me sera très-facile de trouver un prétexte de voyage chez quelque Nation étrangere, chez les Indiens, par exemple ; le desir de voir de près un peuple qui, depuis tant de siecles a sçu se conserver une si haute réputation de sagesse, est un prétexte suffisant pour écarter tous les soupçons. Oui, je vais dès cet instant même annoncer mon voyage chez les Nations de l'Inde les plus reculées.

En effet, le Roi à peine arrivé dans la Salle du Conseil, déclara que malgré l'usage qui ne permettoit gueres aux Rois de Lydie de sortir de leurs États, il ne pouvoit vaincre le desir d'aller admirer les beaux Établissements de *Zoroastre*, de *Brama*, & de *Vishnou*. On conçoit bien que cela parut fort étrange,

& que du moment où cette nouvelle se fut répandue, on ne parla pas d'autre chose dans tous les Cafés de Sardes. Comme les Lydiens étoient très-plaisants, on fit beaucoup de pointes sur le projet, sur Brama, & Vishnou : le Mercure de Lydie (car le Mercure est d'une institution plus ancienne & plus universelle qu'on ne le croit communément) n'entretint plus ses Abonnés que du Voyage du Roi, présenté sous toutes les formes possibles de Charades, d'Enigmes & de Logogryphes; le tout se termina heureusement par une Ode sublime que tout le monde admira sans y rien comprendre. Les Courtisans n'avoient fait ni vers ni prose, mais chacun d'eux avoit bien sérieusement songé à ses affaires, c'est-à-dire, aux moyens d'intriguer pour se faire nommer du Voyage. Les Dames avoient déjà désigné ceux qui auroient l'honneur d'accompagner Sa Majesté, quand au moment de donner ses derniers ordres, le Roi déclara que son intention étoit de voyager comme un simple particulier, suivi du seul Ismin. Tous les demandeurs se retirerent très-mécontents & l'on trouva beaucoup de défauts à Ismin.

Le jour fixé pour le départ étant arrivé, le Monarque pour mieux cacher ses desseins, accorda aux plus grands Seigneurs de ſa Cour la permiſſion de l'accompagner juſqu'aux frontieres de Perſe. Dieu ſçait les fêtes qu'il trouva ſur ſon chemin, les cris de Vive le Roi, & tout ce qu'imaginerent Meſſieurs les Satrapes ou Intendants des Provinces qu'il traverſa, comme on lui faiſoit obſerver la joie & l'aiſance du Peuple, la beauté des routes, la riche culture des terres qui les avoiſinoient, & les ſuperbes illuminations des Hôtels-de-Ville. Peu s'en fallut, obſerve l'Auteur de cette Hiſtoire, que le Prince ne crût que tout alloit réellement auſſi bien que le diſoient ſes Miniſtres, & qu'il ne revînt fort content de ſa premiere ſortie; mais le bon génie qui veilloit ſur l'Empire, lui ſuggéra que peut-être il verroit différemment en y regardant de plus près, & Ismin fut de l'avis du bon génie; ce qui fit que le Prince perſiſta dans ſa réſolution. Bientôt il touche aux frontieres des Perſes, & congédie ſa Cour. (*a*)

CHAPITRE II.

Excellentes diſpoſitions du Prince. Premiere rencontre.

Nos deux Voyageurs s'avancerent de quelques paraſanges dans la Perſe, & ſe hâterent de rentrer en Lydie, ſuivis de deux valets étrangers dont ils n'étoient pas connus. Le Roi Melès avoit pris le nom de *Pſammis*, & Ismin celui d'*Arſace*; ils ſe dirent Négociants Perſes qui voyagoient en Lydie pour affaires de commerce, & perſonne ne les reconnut, quoiqu'ils fuſſent revenus ſur leurs pas. » Me voilà libre, & tout-» à-fait à mon aiſe, dit le Prince à ſon cher » Ismin; la vérité, cette fois n'a qu'à ſe mon» trer, il n'y a plus perſonne entre elle & » moi. » Seigneur, répond Ismin, je préviens Votre Majeſté qu'elle pourra bien quelquefois ſe préſenter ſous une forme un peu dure; j'eſpere que vous voudrez bien alors oublier que vous êtes Roi, & loin de la repouſſer, l'accueillir comme un ſimple particulier. Il y a bien auſſi quelque choſe à réformer dans votre maintien, dont la majeſté pourroit nous trahir.

Il faut encore s'attendre à trouver des obstacles à vos volontés dans les choses les plus simples. Les Rois n'ont pas trop l'habitude de la résistance, & parfois l'impatience pourroit vous faire sortir du rôle que nous allons jouer. Je réponds de moi, reprend le Prince; le signe le plus léger, dans le cas où je viendrois à m'oublier, suffira pour m'avertir. A ces mots leur conversation fut interrompue par l'approche subite d'un char emporté par six chevaux fougueux; & précédé de deux gardes à cheval qui laissoient à peine aux mieux intentionnés le temps de se ranger. Le Roi n'eut que celui de se jetter de côté, en demandant à Ismin quel pouvoit être ce Seigneur qui paroissoit avoir des affaires si pressées. Ismin juroit qu'il ne l'avoit jamais vu, quand un paysan qui étoit près d'eux, leur dit: En vérité, Messieurs, il faut que vous soyez des étrangers, puisque vous ne connoissez pas Monseigneur l'Intendant. Il retourne dans la Capitale, d'où il n'est sorti que pour venir commander les belles fêtes que l'on a données au Roi à son passage. A propos de fêtes, continue le paysan qui étoit un peu causeur, vous pouvez en avoir vu quelques restes, à en juger par la route que vous tenez. Il faut convenir qu'il n'y avoit rien de si beau; mais, malgré tout cela, ſi je pouvois parler au Roi comme je vous parle, je vous aſſure bien que je ne lui conſeillerois pas de s'en rapporter à tout ce brillant-là pour juger du bonheur de ſes ſujets. Nous allons payer tout ce que ſon paſſage a coûté, indépendamment de la perte de temps qu'il nous a cauſée, des dépenſes que nous avons été obligés de faire pour nos gens & nos chevaux; car il a fallu tout voiturer, & ſa ſuite, & la ſuite de ſa ſuite. Je crois que ce que l'on donnera pour dédommagement paſſera, comme d'ordinaire, par tant de mains, qu'il ne nous en arrivera pas grand' choſe. Êtes-vous de ces environs, lui dit Ismin ?... Oui, Monſieur, je n'ai plus que deux petites lieues à faire pour être chez moi : ma Ferme eſt derriere ce hameau que vous voyez là-bas ſur la côte. Comme voilà le jour qui baiſſe, je n'imagine pas que vous puiſſiez aller plus loin aujourd'hui; il n'y a près de nous qu'un mauvais cabaret où vous ſeriez fort mal pour y paſſer la nuit; je vous offre, Meſſieurs, de vous repoſer chez moi; vous verrez la petite famille; & le plaiſir avec lequel nous ſerons reçus.... Volontiers, mon ami, répond le Roi. Doublons donc un peu le pas, ajouta le payſan, car la nuit vient plutôt que je ne l'attendois.

CHAPITRE III.

On verra que les gens les plus ſimples cauſent fort bien de leurs affaires.

ÇA, ma femme, dit l'honnête Fermier en arrrivant, un bon ſouper; fais de ton mieux. Ces Meſſieurs, autant que je puis m'y connoître, ſont deux Négociants Perſes, je les ai invités à paſſer la nuit ici. Après quelques queſtions auxquelles le Pere de famille répondit très-ſuccinctement, on ſe mit à table. Ismin rioit intérieurement de l'embarras du maintien du Roi, qui à force de vouloir paroître naturel, ceſſoit de l'être, quoiqu'il eût ſouvent vu ſes Comédiens ordinaires repréſenter des Rois à table chez des Payſans. Mettez-vous à votre aiſe, Monſieur, lui diſoit ſouvent le maître de la maiſon, vous êtes ſûrement accoûtumé à une meilleure chere, mais je vous aſſure que vous n'auriez été reçu nulle part d'auſſi bon cœur, & que vous auriez été plus mal au cabaret voiſin... Le Prince ne demandoit pas mieux que de répondre par un compliment; mais le défaut d'uſage fit, comme il eſt aiſé de l'imaginer, qu'il ne put jamais le trouver, & ce fut Ismin qui s'en chargea. As-tu vu le Roi, dit enfin la femme qui n'attendoit que le moment de placer une queſtion ? Pas trop bien, répond le Fermier, on ne nous a jamais permis d'approcher; cependant je l'ai aſſez vu pour le reconnoître ſi je me retrouvois ſur ſon paſſage. Ces derniers mots n'embarraſſèrent pas peu le Prince & firent rougir Ismin; perſonne heureuſement ne s'apperçut de leur trouble. Eh bien ! continue la femme, tout cela étoit donc bien ſuperbe... ? Oh ! magnifique. Il faut avouer que Monſeigneur l'Intendant a bien du talent pour les fêtes. Sans mes deux chevaux que ces Meſſieurs de la Cour ont menés un peu vîte, & qui ne reviendront sûrement pas de l'honneur qu'on leur a fait, je ſerois aſſez content de mon voyage. Et que diſoit-on du Roi, reprit la femme ? – Beaucoup de bien; qu'il s'occupoit ſans ceſſe des moyens de rendre ſes peuples heureux; qu'il alloit voyager dans la Perſe & dans l'Inde tout exprès pour prendre de ces pays-là, ce qu'il croiroit utile ici. C'eſt toujours une bonne intention, quoique je penſe moi, qu'il feroit mieux, ſans aller ſi loin, de parcourir ſon Royaume. N'êtes-vous pas de cet avis-là, Meſſieurs ? Oui aſſurément, répond le Prince un peu étourdi de la queſtion. Il trouveroit à chaque pas de meilleures leçons que celles que pourroient lui donner les Perſes & les Indiens. . . Pour ma part, je vous aſſure que je lui en dirois de bonnes. Oui, & que lui diriez-vous donc? La femme fit un ſigne pour contenir ſon mari qu'elle connoiſſoit pour aimer à parler, & ſouvent un peu librement; mais le ſigne n'opéra rien que de lui faire hauſſer la voix, & après avoir obſervé que ce qu'il avoit à dire ne pouvoit bleſſer perſonne, il continua ainſi. Oh! voici donc, Meſſieurs, comme je parlerois au Roi. Seigneur, il n'eſt pas ſi difficile de régner qu'on veut bien le faire entendre. Il me ſemble, répond le Monarque, que ce que vous avancez là pour commencer n'eſt pas facile à démontrer. J'éprouve... je crois, ajouta-t-il vivement en ſe reprenant, que le Souverain le plus inſtruit eſt ſouvent très-embarraſſé. — Eh! non, Monſieur, il n'a qu'à laiſſer chacun faire ſes affaires & ne pas s'en mêler.... Qu'entendez-vous par laiſſer chacun faire ſes affaires? — Mais cela, je crois, ſe comprend aſſez facilement; c'eſt de ne rien ordonner ni défendre à qui que ce ſoit, même pour ſon propre intérêt; de laiſſer chacun aller où il voudra, paſſer là où il lui plaira; en un mot, faire tout ce qui bon lui ſemblera ſans nuire à autrui. Voilà déjà, comme vous voyez, un grand travail de moins, celui des Édits & des Ordonnances ; travail qui, comme me l'a dit ſouvent un de mes parents qui écrivoit dans les bureaux d'un Miniſtre, emporte la plus grande partie d'un temps qu'on pourroit mieux employer. Il me ſemble, dit Ismin, que ſi tout le monde jouiſſoit de cette liberté, il pourroit en réſulter de grands inconvénients. Aucun, je vous aſſure, il en réſulteroit, au contraire, que tout iroit mieux, parce qu'il n'eſt point d'homme qui ne ſçache mieux ce qu'il a à faire pour ſon propre intérêt, que ne le ſçavent le Roi, les Miniſtres & même Monſeigneur l'Intendant. On brouille tout en voulant conduire les affaires des autres, & l'on ne fait pas les ſiennes. Il me ſemble encore avec mon petit ſens, qu'il faut bien compter la juſtice pour quelque choſe. Or, la juſtice veut que je ſois abſolument libre. . . Mais juſqu'à un certain point, répond le Prince, à qui les principes du bon payſan paroiſſoient un peu dangereux... Non, Monſieur, je le répete. Libre, abſolument & ſans aucune reſtriction ; on ne peut pas être libre à demi, & c'eſt ne pas l'être du tout que de ne l'être qu'en partie. Mais je vois bien qu'il n'y a que le mot qui vous fait peine, je vais vous l'expliquer. Je crois moi, sans être un grand Docteur, que la personne d'un homme ne doit rien à celle d'un autre homme, à moins qu'il ne se soit, dans le principe, engagé volontairement. Tout homme est donc maître de sa personne ; conséquemment il l'est aussi de toutes ses facultés, de ses talents, de son industrie, car la personne n'est composée que de tout cela, sans quoi elle ne seroit rien ; il est encore maître conséquemment de ce qu'il a acquis par l'usage de ses facultés & de ses talents & de son travail, sans blesser le droit égal d'autrui. Voilà la vérité & l'ordre que le Roi doit respecter lui-même tout le premier, parce qu'il n'est Roi que pour le maintenir ; s'il fait donc lui ou ses Ministres des Loix de fantaisie, contraires à cette grande Loi de respect pour la propriété, Loi que je crois tout aussi ancienne que le monde, je dis qu'avec les meilleures intentions il est dans l'erreur, & qu'il fait mal pour lui & pour les autres. Je dis mal pour lui-même, car son intérêt tient de près à celui de tout le monde. Voilà ce que dit la terre, que ces Messieurs qui conseillent les Rois feroient bien quelquefois de consulter ; elle leur parleroit une langue qu'ils seroient bien étonnés d'entendre. Tenez, Messieurs, par exemple, voilà une de ses sentences : qu'elle ne rend qu'en proportion de ce qu'on lui donne. Le Roi avec toute sa puissance auroit beau lui commander par un Édit de rendre hors de cette proportion là, elle n'en feroit rien je vous assure. Si donc par quelque opération de ces Messieurs qui ordonnent tout, il arrive que je sois forcé de rendre moins à ma terre en avances, elle n'en aura pas le démenti, elle me rendra moins en récoltes, & si je continue ainsi, elle se changera en landes & en friches, & bientôt il n'y aura plus rien ni pour le propriétaire, ni pour moi, ni pour le Souverain. Demain quand vous partirez d'ici, vous pourrez remarquer à votre gauche une cinquantaine d'arpents, dont la culture ne ressemble pas à tout ce qui est autour : cela vous instruira mieux que tout ce que je pourrois vous dire ; car quoique le terrein soit également bon, faute d'avances je n'ai pu le cultiver comme le reste. J'avois éprouvé de grandes pertes en bestiaux ; pour réparer ces pertes & soutenir le même état de culture, il falloit vendre mes productions à un plus haut prix. Je fis une petite spéculation de commerce toute simple ; c'étoit d'envoyer mes récoltes chercher dans d'autres Provinces ou chez l'étranger, ce plus de valeur qu'elles ne pouvoient obtenir ici où régnoit l'abondance, où l'aisance & la concurrence de mes voisins qui n'avoient pas éprouvé mes pertes, avoient établi un prix médiocre. Au moment où tout étoit arrangé pour mes envois, on saisit mes productions, on me force de les rapporter au marché voisin, & on ajoute à ce traitement une petite ordonnance arbitraire qui m'oblige à payer les frais des procès-verbaux & de saisie qui m'avoient presque ruiné. Delà il est tout naturellement arrivé que j'ai laissé cinquante arpents sans culture, faute de moyens de les cultiver. Vous pouvez juger par-là, Messieurs, du profit qu'il y a pour tout le monde à gêner la liberté, & si en étendant ce petit principe là on n'arriveroit pas à ce que l'on paroît tant craindre, à la famine. Je crois que l'on a très-mal fait, dit Ismin, de vous obliger à vendre vos récoltes ici, dans un temps où il n'y avoit point de disette à craindre ; mais il me semble que dans le cas contraire où les denrées de premiere nécessité auroient été plus rares, on auroit agi avec sagesse & justice de vous défendre d'exporter vos récoltes. Vous venez de prononcer là un mot sacré, celui de justice, Monsieur, reprend le Fermier, prenez garde qu'il ne peut jamais être juste de disposer ainsi du bien d'autrui. Ces denrées pour être de premiere

miere néceſſité n'en ſont pas moins à moi ; elles ſont le fruit de mes avances & de mon travail. Eh ! qui voudra donc enſemencer & courir les riſques de l'attente des fruits, s'il eſt permis au premier venu de ſaiſir la récolte, d'en diſpoſer à ſon gré, d'en taxer le prix, & de fixer le lieu où je dois vendre ? N'eſt-il pas évident d'ailleurs, pour répondre à toutes ces vaines inquiétudes dont on ſe plaît tant à entretenir le peuple, que dans les temps de cherté, je trouverai plus commode de vendre à ma porte à un prix bon & certain, que de prendre ce moment-là pour exporter mes récoltes, & aller chercher ailleurs un prix incertain & moindre, peut-être, avec beaucoup de travaux, de frais & de riſques ? Je me hâterai donc de vendre ; 1° parce que la terre qui attend la rentrée de ſes avances me preſſe ; 2° parce que je ſçaurai bien que dans l'état abſolu de liberté (ce que nous ſuppoſons) la production viendra chercher ſon prix là où le beſoin l'appellera, & que la concurrence aura bientôt fait d'établir un prix moindre que celui où je pourrois vendre dans le temps où je ſerois ſeul. Vous voyez donc que, quelque cupidité que l'on me ſuppoſe, je ſuis forcé par mon propre intérêt d'ouvrir mes greniers, & qu'il n'y a point d'ordonnance qui puisse me le commander aussi sûrement & aussi promptement. C'est le monopole, ou le défaut de liberté, ou le privilege exclusif qui amene la disette & la cherté ; l'abondance & le bon prix sont les effets nécessaires de la liberté ! C'est le bon prix qui soutient l'agriculture, qui distribue des salaires, c'est lui encore qui fait que le peuple ne crie point. Voyez les Provinces où les denrées sont sans valeur, bientôt elles finissent par n'avoir plus ni argent ni récoltes. Voilà ce que je dirois à un Roi, si jamais.... Pardon, Messieurs, je m'arrête, car je ne finirois pas sur cet article là si je m'en croyois. Permettez que je vous conduise dans l'endroit où vous devez passer la nuit. (*b*)

CHAPITRE IV.

Réflexions du Prince. Triste Pays. Dépôt de Mendiants

LE Roi ne manque pas de prier Ismin de prendre note des raisons du Fermier en faveur de la liberté, car tout cela étoit si neuf pour lui qu'il craignoit de l'oublier, quoique l'on eût beaucoup écrit en Lydie ſur cet objet important. Mais le Monarque s'étoit un peu laiſſé prévenir contre les livres, on lui avoit dit tant de fois qu'ils ne contenoient que des ſyſtêmes d'une exécution impoſſible dans la pratique, qu'il avoit fini par ne plus lire. . . . Au jour naiſſant ils reprirent leur route, comblés des vœux du bon Fermier qu'ils déterminerent à recevoir un petit préſent comme gage de ſouvenir, & non comme rétribution.

Eh bien, dit le Roi à Iſmin, voilà déjà une leçon dont j'eſpere profiter. Je ne ſçais trop quelles objections mon Conſeil auroit pu faire contre les raiſons que cet homme nous a données en faveur de la liberté. Il me ſemble, en effet, que ce ſeroit un grand travail de moins, ſi on laiſſoit chacun ſe gouverner à ſon gré. Je penſe abſolument comme votre Majeſté, répond Iſmin, jamais on ne ſçaura ce qui convient à tel de vos ſujets mieux que lui-même; en vérité, cela vaut la peine d'être examiné de près à votre retour, je ſuis très-perſuadé qu'à ce principe-là tient une bonne partie de l'adminiſtration.

A meſure que les Voyageurs avançoient dans l'intérieur de la Province, en s'éloignant des routes royales qui conduiſoient à la Capitale, ils étoient fort étonnés de ne plus rencontrer que des cabannes éparses sur de vastes friches, quoique la nature de la terre leur parût également bonne. Des femmes pâles & déformées par la misere, des enfants presque nuds, des hommes sans vigueur se montroient aux portes de ces tristes habitations. . . Oh ! dit le Roi, voici une malheureuse contrée, je crois qu'il seroit bien difficile de m'y donner une fête. Je ne me serois jamais attendu à trouver dans mes Etats des gens si misérables. . . . Vous me voyez, Seigneur, reprend Ismin, aussi étonné que votre Majesté ; il me semble que l'académie d'agriculture de cette Province s'est un peu négligée. . . . Bon homme, dit le Roi à un des malheureux qui tendoit une main desséchée pour recevoir quelque aumône, quelle peut donc être la cause de la misere qui dévore ce triste pays. . . ? Ma foi, Monsieur, je ne sçaurois trop vous le dire, répond le Paysan ; tout ce que je vous puis assurer, c'est qu'il ne faut en accuser ni le ciel ni la terre, car le ciel y verse sa rosée avec abondance, & la terre ne refuseroit rien de tout ce qu'on lui demanderoit. — Mais on ne peut donc s'en prendre qu'à la nonchalance des habitants de ce pays ? — Non, on auroit encore grand tort de les accuser. La terre a beau être fertile de sa nature, elle ne fait que rendre, il faut donc commencer par lui donner, & nous manquons d'avances. J'ai vu, dans ma jeunesse, qu'il y avoit encore ici quelques grands atteliers de culture; mais tout ça s'est divisé, s'est réduit à ce que vous voyez, & a fini par s'anéantir; nos récoltes sont tombées sans valeur..... Et comment cela? Nous sommes éloignés de toute communication par les rivieres, les chemins de terre sont devenus impratiquables, les frais excédoient le profit qu'il y avoit à exporter le surplus de nos denrées; elles sont toutes restées dans le pays, qui bientôt a fini par se dévorer lui-même; & c'est grand dommage, en vérité, car il seroit difficile de trouver un meilleur sol, il n'attend que des bras & de l'argent. Je réponds bien que cette Province rendroit bientôt au Roi l'intérêt de ses avances par le profit qu'il en retiroit, s'il nous faisoit ouvrir un canal pour joindre les deux rivieres qui coulent à ces deux extrêmités, & si, en attendant que cela fût fait, il nous envoyoit de ces Messieurs Ingénieurs pour couper deux ou trois bons chemins à travers cette immense étendue de plaines. Alors nous porterions nos récoltes là où elles nous seroient bien payées. Mais nous ne verrons jamais cet heureux temps-la ; auſſi prenons nous notre parti. On abandonne le pays qui déjà ne ſuffit plus au petit nombre des ſes habitants ; car le mal empire tous les jours, la main de l'homme n'y ſoigne plus rien. Il n'y a pas trente ans que ce marais-là que vous voyez étoit couvert de belles moiſſons. Voilà deux rabines qui ſe ſont formées plus loin ; on les laiſſe aller leur train. Perſonne n'a ni la volonté ni les moyens d'arrêter leurs ravages. Les pierres & les ronces ont pris par-tout la place des épis ; mais, je le répete encore, il ne faut s'en prendre ni au ciel ni à la terre, ni à l'indolence des habitants, mais au malheur des temps — Comment au malheur des temps. . . . ? Sans doute, continue le payſan, apparemment que le Roi n'a pas moyen de remédier à cela, & qu'il eſt obligé de faire comme nos fermiers qui, faute d'argent, ont abandonné leur culture ; car il doit bien ſçavoir en quel état eſt ce pays-ci, & ce qu'il doit ſçavoir encore, c'eſt qu'il ne lui rapporte rien. On a beau nous envoyer des gens de ſa part pour nous faire payer, nous menacer, & nous avons toujours la même réponſe à leur donner. Il nous eſt bien impoſſible de payer. Si vous voulez prendre la peine d'entrer dans l'un ou l'autre de ces maiſons, vous verrez ce qu'on peut nous prendre. Et voilà notre nourriture, ajouta-t-il en montrant un morceau de pain noir, d'un goût affreux. C'eſt pénible de ſe contenter de ça ſur une terre qui ne demande qu'à nourrir ſon habitant de pur froment. Nous ſemons ici quelques miſérables graines qui, comme vous voyez, ſuffiſent à peine à la plus groſſiere & à la plus modique ſubſiſtance. Il ne nous reſte rien à échanger contre des vêtements & pour les autres beſoins premiers de la vie; nous n'avons perſonne à qui offrir nos travaux; auſſi notre jeuneſſe va-t-elle chercher ailleurs des ſalaires & du pain.... Le reſte de la Province, dit le Prince, eſt-il ſemblable à ce que je vois? A peu près, répond le Payſan, ſi l'on en excepte les environs de quelques Villes. Mais je vous remercie, Meſſieurs, du ſecours que vous m'avez donné & je vous laiſſe, car j'apperçois les Gardes qui arrêtent les mendiants, & ils pourroient bien, quoique votre bonté m'ait prévenu, ſuppoſer que j'ai demandé... Les Gardes paſſerent en regardant fiérement les deux Voyageurs, & le Roi ne put s'empêcher de trouver l'air de la Police de ſes États un peu inſolent. Comme il vouloit reprendre la conversation, il rappella le paysan, qui ne se montra qu'après s'être bien assuré que les Gardes étoient éloignés. Comment, dit le Monarque, on vous arrête quand vous mendiez ? — Oui, Monsieur. . . . Et que fait-on de vous ? — On nous conduit dans une vaste prison que l'on appelle dépôt, à quelques lieues d'ici. . . . — Eh bien ! — Là on nous entasse dans des salles obscures & mal-saines, où l'on nous garde jusqu'à ce qu'elles soient tout-à-fait remplies ! Alors on met à la porte les plus anciens, sans argent, sans secours, exténués par le défaut d'air, la mauvaise nourriture & l'ennui de la captivité, en nous recommandant bien de ne pas mendier si nous ne voulons pas courir les risques d'être repris. C'est une promesse que l'on fait & que l'on ne peut tenir ; car quand on n'a pas la force de travailler, ni l'occasion du travail, il faut bien demander. . . Mais les ordres du Roi sont tels, dit-on ; aussi sont-ils exécutés à merveille par ces Messieurs qui ne négligent aucun des moyens propres à détruire les mendiants, sans pour cela détruire la mendicité. Le Roi indigné de ces détails, cherchoit encore à se persuader que le paysan les avoit un peu exagérés. Il lui proposa de le conduire à la prison, dépôt de ces malheureux. Quelle fut sa douleur, quand il reconnut que les horreurs qui frapperent ses regards étoient encore au-dessus du récit qu'il venoit d'entendre. . . ? Ah ! bon Ismin, dit-il à voix basse en se retournant vers son confident, sortons de cet enfer, je me trahirois ! Que ne puis-je sur le champ témoigner au Satrape de cette Province toute ma reconnoissance de sa bonne & sage administration ! (c)

CHAPITRE V.

Colere imprudente du Roi : il est arreté, & reçoit une excellente leçon.

LE Prince n'avoit pu se contenir au point de ne pas laisser échapper quelques marques de l'indignation que lui avoit inspirée ce spectacle ; Ismin n'avoit pas été plus sage, & cela avoit été remarqué. Ils alloient continuer leur route, quand ils furent abordés par un petit homme qui leur demanda comment ils trouvoient l'ordre intérieur du dépôt, & si en Perse, dont il les croyoit habitants, on administroit avec autant d'intelligence & de douceur... Qui êtes vous, Monsieur, répondirent nos deux Voyageurs par une autre queſtion ? « Je ſuis, Meſſieurs, » l'Entrepreneur, le Directeur de cette mai- » ſon ; la place eſt aſſez bonne, vue ſous le » rapport d'Entrepreneur ; & vue ſous celui de » Directeur, c'eſt un poſte d'honneur & de » confiance : auſſi puis-je dire que je me con- » duis parfaitement ſous ces deux rapports. » D'ici à très-peu de temps, j'aurai retiré au- » delà de ce que j'ai donné au Secrétaire de » Monſeigneur pour obtenir la place, & Dieu » aidant, je jouirai d'une fortune honnête. En » attendant, l'ordre que j'ai établi ici eſt tel » que ceux qui en ſortent ne ſont pas tentés » d'y revenir... » Retire toi, monſtre, reprit le Souverain tranſporté de colere ; que ne puis-je t'établir toi & tes maîtres abominables à la place de vos malheureuſes victimes ! Le petit homme ſe retira, mais bien réſolu de ne pas laiſſer une telle injure impunie... Votre Majeſté, dit Ismin au Roi, vient de commettre une imprudence ; je crains bien qu'il ne nous arrive quelque petit déſagrément de la liberté avec laquelle elle s'eſt permis de parler à M. le Directeur... Le plus prudent, ce me ſemble, ſeroit de nous écarter un peu du grand chemin, & de faire quelques lieues à travers la plaine pour rompre nos traces.... J'ai un preſſentiment. . . . Ismin alloit achever, quand au détour du chemin qu'ils étoient ſur le point de quitter, ils apperçurent trois hommes à cheval qui leur ſignifierent *de par le Roi* l'ordre de revenir ſur leurs pas. . . . Comment *de par le Roi*, dit le Prince ? Mais il n'acheva pas, il fut retenu par un ſigne que lui fit Ismin. . . Les Gardes les conduiſent à la Ville voiſine, lieu de la réſidence du Satrape de la Province, mais qui dans ce moment n'y réſidoit pas. . . A ſon défaut, ils furent amenés devant le Secrétaire de Sa Grandeur. C'étoit un Sous-Satrape qui, dans l'abſence de ſon maître, adminiſtroit, commandoit & défendoit tout auſſi bien qu'il auroit pu faire. Il habitoit le même Palais, il avoit copié la dignité de ſon maintien & l'importance myſtérieuſe de ſes airs, & ſon revenu montoit à peu près à vingt mille livres de notre monnoie. Meſſieurs, dit-il, dès l'entrée, aux deux Voyageurs, n'êtes-vous pas des Négociants Perſans. . ? Oui répond le Roi, qui ſentoit la néceſſité de ſe familiariſer avec les queſtions. Eh bien ! reprit le Sous-Satrape avec ce demi-ſourire de l'inſolence qui affecte le ton de l'ironie, je vous conſeille de vous en tenir à vos affaires de commerce, & d'éviter déſormais de vous permettre des propos féditieux, injurieux & attentatoires à l'autorité. Monfieur, dit Ismin, qui craignoit que le Roi ne fe trahît par une répartie un peu trop vive, nous fommes coupables, je l'avoue, d'une légere indifcrétion. Nous aurions dû nous contenter de plaindre le fort cruel de tant d'infortunés dont nous ne pouvions foulager la mifere, fans en dire notre avis à Monfieur le Directeur. Voilà tout notre crime; mais nous pouvons vous affurer mon compagnon & moi, que notre intention n'a jamais été de manquer au refpect dû à l'autorité. . . . Soyez plus circonfpects à l'avenir, reprit encore le tout puiffant Secrétaire d'un ton impérieux, on vous pardonne en votre qualité d'étrangers; mais fongez bien que nous ne fouffrons ici ni obfervateurs ni raifonneurs. Profitez de l'avis. . . . Oui, Monfieur, répond le Roi, je vous jure, en vous rendant mille graces, que je ne l'oublierai pas. . . . Ah! je l'avoue, dit le Prince, dès qu'ils furent un peu éloignés du Palais, j'aurois vécu mille ans entouré de mes Grands & de mes Secrétaires d'Etat, fans imaginer comme poffible rien de tout ce que je rencontre à chaque pas. . . . Continuons, cher Ismin, & en attendant quelque nouvelle fcène, caufons un peu de ce que nous avons vu pour le noter avec plus de fûreté.

CHAPITRE VI.

Converſation des deux Voyageurs. Le Roi eſt arrêté à une barriere pour cauſe de contrebande.

JE vois clairement, dit le Roi à Ismin, en portant triſtement ſes regards ſur les landes qu'ils traverſoient, que cette terre, comme nous l'a fort bien dit le payſan, ne demande qu'à produire ; qu'avec des canaux & de la liberté, il reſteroit très-peu de choſe à faire pour l'adminiſtration & la ſociété royale d'agriculture. Je le crois, répond Ismin, on pourroit ajouter à tous les avantages qui réſulteroient de ce nouvel ordre de choſes, celui de renvoyer Monſieur le Directeur du dépôt des mendiants, ſans attendre même qu'il ait fait la fortune qu'il eſpere ; ce qui allégeroit de beaucoup l'adminiſtration du Satrape de cette Province & de Monſieur ſon premier Secrétaire ; car néceſſairement il y auroit ici du travail & de bons ſalaires. Je ne vois gueres d'autres moyens pour détruire la mendicité ! Mais, pour ouvrir des canaux & faire des chemins, il faut de l'argent, & franchement Votre Majeſté n'en a gueres... Quel malheur, dit le Roi, que mon Conſeil des finances ne m'ait pas averti de ce que je vois! Je me ſerois bien gardé de conſentir à tous ces projets d'embelliſſements qui ont coûté des ſommes immenſes pour ne rien rapporter. Une partie de tout cet argent-là auroit ſuffi pour fertiliſer cette Province, il m'en ſeroit revenu bien au-delà de ma miſe, & je n'aurois pas à payer les frais du dépôt des mendiants. Aſſurément, je le répete avec douleur, le Corps de mes Ingénieurs des ponts & chauſſées qui me coûte beaucoup en argent & en prétentions, ſeroit infiniment mieux & plus utilement occupé à ouvrir des canaux dans des Provinces éloignées, qu'à tracer de belles routes aux environs de ma Capitale, trop larges des deux tiers ſur leſquels on ne va que très-rarement, tandis que l'on verſe ſur le tiers le plus fréquenté.... A propos de cela, reprend Ismin, c'eſt encore une des manies de votre adminiſtration de tout mettre en départements, à la tête deſquels il arrive bientôt des Meſſieurs qu'il faut payer d'une maniere convenable à leurs titres & dignités, & cela eſt fort cher. Avant l'établiſſement de tous ces Corps, on ſçavoit conſtruire des ponts & des chemins, & je crois qu'en payant, tout iroit fort bien encore fans eux. Il n'eft point du tout néceffaire, pour tracer un plan ou commander des pionniers & des maçons, de s'armer d'une longue épée, & de fe revêtir d'un habit de guerre. Paffe encore pour vos Ingénieurs Militaires ; mais pour ces Meffieurs de l'intérieur, quoi qu'il en foit de leur importance, je les trouve exceffivement chers. Ils s'entretenoient ainfi quand ils furent interrompus par un homme qui arrêta leurs chevaux, en leur demandant s'ils n'avoient rien à déclarer. Ils s'apperçurent qu'ils étoient auprès d'une Ville dont l'entrée étoit fermée par une barriere. Comme le Roi parut un peu étonné de la queftion, le Commis jugea que nos Voyageurs pouvoient bien être porteurs de quelques marchandifes dont l'entrée étoit défendue, & il leur propofa très-civilement de defcendre pour lui laiffer la commodité de fouiller les porte-manteaux. Il faut fe réfigner, dit Ismin d'une voix baffe au Monarque, vous voyez que ces Meffieurs fervent Votre Majefté avec un zele admirable, & qu'ils feroient au défefpoir qu'on fraudât le moins du monde fur ce qui vous eft dû. . . . Vous n'avez donc rien à déclarer qui doive droits d'entrée ou qu'il foit défendu de faire entrer, dit le Chef des Alguazils, d'une voix de tonnerre ? Je ne sçais trop, répond Ismin : on procéde à l'examen des effets.... Ah ! ah ! s'écrie avec transport un des Commis, Messieurs, vous vous arrêterez un peu plus que vous ne le pensez, car il nous faudra le temps de verbaliser : voilà, graces au Ciel une fraude bien constatée, & de nature à vous mener loin : il s'agissoit d'une denrée, production de la Province d'où ils sortoient, dont le commerce exclusif avoit été attribué à une Compagnie qui en défendoit toute exportation.... Comment, dit Ismin, mais il me semble, Messieurs, que les productions de l'intérieur de l'Empire ne doivent être assujetties à aucune taxe pour passer d'une Province à une autre Province. Voilà précisément ce qui vous trompe, mon ami, reprit un des Commis dont l'emploi étoit de faire entendre raison aux Voyageurs ; non-seulement les marchandises de l'intérieur paient à leurs différents passages & souvent le double de leur valeur pour peu qu'on les fasse voyager, mais il en est beaucoup encore qui, de leur nature, sont contrebande, & qui, quoique productions du Royaume, sont néanmoins resserrées dans les bornes de la Province qui les a vu naître.... Mais comment, reprit encore Ismin, qui ne pouvoit se persuader,

der, comme le disoit le Commis péroreur, que la nature eût pris la peine de former des productions qui fussent contrebande par essence..? Ah! doucement, Monsieur, reprit avec humeur cette fois le Commis, lassé des questions. Nous sommes établis ici pour fouiller, verbaliser, arrêter, & point du tout pour raisonner. L'amende est de tant, & vos effets confisqués, si mieux n'aimez aller en prison. Payez donc & vous irez après, si bon vous semble, demander le pourquoi à Nosseigneurs les Fermiers ou Régisseurs généraux... Le Roi étoit muet d'étonnement, sans pouvoir comprendre un mot de tout ce qu'il entendoit, quoiqu'on eût bien voulu lui lire le procès-verbal.... Partons, lui dit Ismin, & pour des contrebandiers, nous avons bien à remercier le Ciel d'en être quittes à si bon marché. Mais, lui répond le Prince, en jettant un regard de pitié sur des infortunés qui se désespéroient dans un coin de la douane, & que l'on alloit conduire en prison, faute des moyens de payer l'amende à laquelle ils venoient d'être condamnés pour un crime semblable, je voudrois pouvoir tirer d'embarras ces malheureux.... Cette générosité nous trahiroit, dans ce moment, continue Ismin, Votre Majesté leur fera passer secrettement des secours pour les tirer de la prison où ils vont être conduits ; mais payons & partons, de peur qu'il ne prenne une seconde fois fantaisie à ces Messieurs de verbaliser.... Bon voyage, leur dirent avec ironie les Commis ; que cette petite affaire vous serve de leçon. En vérité, il n'y a plus de bonne foi sur la terre, nos Supérieurs sont trop doux, il faudroit, pour l'exemple, envoyer aux galeres la moitié de ces fripons-là ; la contrebande est cette année de moitie plus forte que l'année derniere... Nos Voyageurs s'éloignerent de la funeste barriere, bien dévalisés & confondus de la courtoisie avec laquelle on recevoit les étrangers aux portes des Villes.

CHAPITRE VII.

Choses fort étranges qu'on ne seroit jamais venu dire au Roi dans son Palais. Réflexions d'Ismin sur la maniere de travailler en finance.

LE Roi & Ismin arrivés dans une Hôtellerie, alloient, en attendant le souper, causer de la douce maniere de percevoir l'impôt, quand ils virent entrer dans une chambre voisine de celle qu'ils occupoient, un homme âgé, l'air triste, abattu & les yeux remplis de larmes. Ismin ne manqua pas de demander au maître de la maison quelle pouvoit être la cause du chagrin dont cet homme paroissoit accablé... Il a bien raison d'être triste, répond l'hôte : il y a deux ans, au plus, que ce digne homme étoit le plus riche Négociant de la contrée, & le voilà ruiné. Un valet qu'il avoit chassé & qui entra au service d'un autre Négociant, trouva le moyen, pour se venger, de cacher dans des ballots qui lui étoient destinés des marchandises dont l'entrée étoit défendue sous les plus rigoureuses peines : le scélérat ne manqua pas de faire avertir les Commis des barrieres dont il s'étoit fait espion ; cela est arrivé deux fois à l'insçu de cet honnête Négociant qui ne pouvoit soupçonner l'auteur de cette abominable manœuvre : il est ruiné aujourd'hui par un second procès qu'il a eu à soutenir contre la Ferme. A chaque instant nous voyons des événements de cette nature-là, & personne n'ose rien dire, car ces Messieurs verbalisent avec une grande promptitude, & le plus leger mot coûteroit cher. En vérité, c'est bien dommage, continue l'hôte, qui avoit la très-louable coutume de ne jamais finir un discours sans y joindre une réflexion, que dans la Capitale où il y a tant d'esprit & où l'on invente à tous moments de si belles choses, il ne se trouve pas quelqu'un qui imagine une autre maniere de donner au Roi ce qui lui appartient... Le raisonneur fut interrompu dans ce moment par une voix qu'il l'appelloit. . . . Je vous quitte, Messieurs, car j'entends là-bas Messieurs les Commis qui viennent examiner ce que l'on a bu de vin chez moi depuis hier... Comment, dit le Roi.. ? Je reviens dans l'instant vous conter le reste. . . . L'homme partit & revint peu de temps après, mais l'air un peu agité. . . . Et que vous est-il donc arrivé de fâcheux dans un moment, lui dit le Prince ? Parbleu, répond l'hôte, tout en parlant de procès, j'ai pensé en avoir un là-bas. Il semble que cela porte malheur. La sonde ne s'accordoit pas avec la marque... On vient donc, dit le Roi, fouiller, examiner ce que vous faites chez vous, & calculer ce qu'on y boit & ce qu'on y mange...? Non, pas tout-à-fait, reprend l'hôte, on nous laisse assez manger sans examen, mais il n'en est pas de même pour boire. Indépendamment des droits que chaque tonneau de vin paye pour entrer, & de tout ce qu'il coûte depuis la vigne jufqu'à la cave pour paffer debout, couché, dans tous les fens poffibles, on établit encore des Commis qui viennent réguliérement tous les jours fonder l'intérieur de ce tonneau, & marquer ce qu'il contient à mefure qu'il fe vuide. La plus petite erreur, la plus petite négligence peut me faire foupçonner de fraude, & alors un procès; c'eft ce que j'ai penfé d'éprouver dans ce moment-ci. Je vous en dirois bien d'autres, continue l'hôte qui ne s'arrêtoit pas facilement quand il étoit une fois fur le chapitre des Commis, mais je craindrois de vous ennuyer.... Sur l'affurance qu'on lui donna qu'il feroit écouté, il reprit ainfi avec l'air de la plus grande fatisfaction. Pour commencer, par le détail des droits, il faut que je faffe un petit effort de mémoire, car ils font nombreux. A l'entrée de la Capitale, par exemple, une outre, ou un tonneau de vin paye à peu près pour trente-deux droits différents, & il en a payé prefque autant pour arriver là. C'eft un vrai grimoire que toute cette légende; anciens cinq fous, nouveaux cinq fous, fubvention, quatre fous pour livre, fou pour livre ancien, fou pour livre nouveau, Infpecteurs aux boiffons, droits des Villes, hôpitaux, don gratuit, gros, augmentation, jaugeage, courtage. Perſonne, comme vous le voyez, Meſſieurs, ne peut rien entendre à tout cela : ſi le vin a été revendu, la plupart de ces droits ſe doublent ; à chaque pont, à chaque pas, toujours l'argent à la main.

Pour percevoir tant de droits exigibles à la récolte, à la fabrication du vin, vous jugez bien qu'il faut des légions de Commis ; auſſi en ſommes-nous inondés. Les uns ſe tiennent, comme vous l'avez vu, aux portes des Villes, les autres ſur les grands chemins, où ils battent la campagne à pied & à cheval ; d'autres viennent fouiller dans nos maiſons, ou paſſent la nuit à nos portes pour épier le moment de nous ſurprendre au réveil. Dans les pays ſujets à l'eſpece de droit dénommé droit d'inſpecteurs aux boiſſons, on viſite comme cabaretiers, tous les citoyens, excepté ceux de la claſſe la plus élevée. Alors on leur fixe la quantité de vin qu'ils doivent boire, & ſur l'excédent de cette quantité fixée, on leur fait payer le droit très-bien appellé le *trop bu*. Ce trop bu qui ſe paye pour le détail dans les Villes, ſe perçoit pour la vente en gros dans les campagnes, & on part d'un principe qui, comme vous allez le voir, n'eſt pas trop honnête. On ſuppoſe que ce que les citoyens peuvent avoir réellement conſommé de vin, au-delà de la portion qui leur a été fixée, a été vendu en fraude, & ce droit n'est alors qu'une supposition de délit. Ajoutons à tout cela que Messieurs les Commis sont à la fois juges & parties, & maîtres absolus du sort des citoyens qui sont jugés & condamnés sur leurs procès-verbaux, & ils ont toujours leur intérêt dans ces procès ; car la plus forte partie de leurs gages est composée des émoluments qu'ils retirent du partage des amendes & confiscations, & ce n'est encore que par ce moyen qu'ils peuvent s'avancer vers les grades supérieurs ; on juge de leurs talents, zele, travail & activité par le nombre des procès qu'ils font. Il suit delà que nous sommes sans cesse entourés de milliers d'hommes qui ont le plus grand intérêt à notre ruine, & tôt ou tard il est bien difficile d'échapper à une mauvaise affaire, quoique l'on ait la meilleure intention du monde. En voici un exemple. Un coquin, espion des Commis, vint un jour s'asseoir à ma porte, avant que je fusse cabaretier, & là fit semblant de se trouver mal : je fus sa dupe & lui offris charitablement un verre de vin. Dans le moment où il le buvoit, arrivent les Commis qui saisissent le verre. Le scélérat répond à leurs questions que je lui ai vendu le vin

J'avoue que je restai muet d'étonnement & confondu de l'aventure. On me condamna comme coupable de fraude, & je ne sortis de ma surprise que pour payer l'amende. Vous croyez bien, Messieurs, qu'on n'est plus tenté d'exercer la charité, quand on a fait une épreuve de ce genre-là, & qu'on n'ose plus offrir un verre de vin à un malheureux qui en a réellement besoin; ni en envoyer une seule goutte à une pauvre femme malade, à des ouvriers accablés de fatigue dans les champs. Messieurs les Commis font que nos bonnes œuvres, pour le petit nombre de ceux qui osent encore en faire, ont plus de mérite, car il faut qu'elles soient bien secrettes. Le danger est plus grand encore pour le sel & certaines autres denrées, car on est condamné à l'esclavage & à l'infamie, & le plus honnête homme du monde ne sçauroit répondre que ce traitement ne sera pas un jour le sien; un ennemi, un Commis mal intentionné (& dans le fait ces Messieurs ne doivent pas se choquer de l'expression) peuvent cacher du sel ou tel autre denrée prohibée chez l'homme le plus honnête; on vient faire alors la perquisition à coup sûr, puis voilà le procès & la ruine, & toujours de par le Roi, comme si le Roi sçavoit un mot de tout cela.

Ah, s'il pouvoit voir quelques-uns de ces détails ! Messieurs, dit l'hôte en se retirant, je me suis laissé un peu aller, parce que j'ai pensé que, comme étrangers, vous ne seriez pas fâchés de sçavoir comme tout s'arrange ici; mais le secret, je vous prie.... Eh bien, dit le Roi à Ismin, dès que l'hôte se fut retiré, voilà une leçon que je n'aurois jamais reçue dans mon Palais. Ciel, quelles étranges vexations ! Il n'est pas possible d'imaginer que cette maniere là soit la seule de payer le tribut.... Il résulte de tout ceci, dit Ismin, que je ne connois pas de plus triste rôle que celui que l'on fait jouer à Votre Majesté sans qu'elle s'en doute; fouiller dans les poches de tout le monde, examiner ce que l'on boit pour en prendre sa part, arrêter à chaque pas, verbaliser, confisquer, emprisonner, ruiner; il est assez difficile de reconnoître sous ces traits une autorité tutélaire, protectrice & conservatrice des droits de tous. Il est d'ailleurs très-certain que cette administration doit coûter des frais immenses à Votre Majesté & à la Nation, & épuiser les sources des revenus... Rien n'est plus clair, répartit le Prince. Ces établissements de douanes, de barrieres, les gages des Commis, les bénéfices des traitants, tout cela est de moins pour mon revenu & de plus en charge très-directe sur la Nation, qui ne me doit au fait que ma part. Ne seroit-il pas plus simple d'aller droit prendre cette part à la source même des revenus, sans Commis, sans Procès, & de laisser ensuite chacun disposer de la sienne à son gré ? Voilà précisément ce que disoit un livre dont j'ai eu l'honneur de parler il y a quelque temps à Votre Majesté, & contre lequel elle avoit quelques préjugés, parce qu'il renfermoit plusieurs principes de liberté qu'elle n'approuvoit pas. J'espere cependant, Seigneur, que vous daignerez dans quelque moment de loisir revoir ce que beaucoup d'honnêtes gens ont écrit sur cette liberté, & ne pas confondre avec la mal-adresse d'une prétendue opération tentée dans ce genre, des vérités qui valent au moins la peine d'être examinées de très-près Votre bonté a pardonné dans le temps aux auteurs de cet odieux complot; elle les a donc connus : mais le préjugé est resté, quoiqu'il ait été bien démontré que cette émeute que les mal intentionnés appelloient soulevement des Peuples, n'étoit soutenue que par quelques polissons audacieux que l'on payoit pour faire du train & crier à la famine. Plus nous allons & plus je vois que le livre dont je parle a raison.

CHAPITRE VIII.

Le Roi eſt arrêté par des voleurs qui raiſonnoient à merveille.

LE Roi Melès & Iſmin s'entretenoient comme d'ordinaire de tout ce qu'ils avoient appris dans la Ville qu'ils quittoient. Iſmin diſoit les plus belles choſes du monde ſur les Commis & ſur les barrieres ; le Roi s'épuiſoit en projets ſur les moyens de détruire ces funeſtes établiſſements ; tous deux convenoient enfin de la néceſſité de rendre aux malheureux Lydiens la liberté d'entrer chez eux & d'en ſortir ſans payer, & de boire tant qu'ils voudroient, ſans qu'il fût permis de les troubler. Le Prince s'applaudiſſoit d'avoir trouvé que cette liberté donneroit plus de valeur aux productions par la rapidité des échanges, & conſéquemment augmenteroit les revenus de la Nation ; ſon cœur jouiſſoit d'avance du ſpectacle d'un vaſte & fertile territoire cultivé par des Peuples libres, dont l'aiſance n'auroit plus d'autres meſures que celles de la fécondité de la terre & du développement de l'induſtrie dégagée de tous ſes liens. Le ſenſible & bienfaiſant Monarque verſoit des larmes d'attendriſſement ſur cet avenir qu'il ſe flattoit de voir, quand, tout à coup, une troupe de brigands les arrête en les menaçant de les tuer s'ils font la plus legere réſiſtance. Voici, dit Iſmin au Prince, l'inconvénient qu'il y a de voyager ſans gardes. Mais que Votre Majeſté ne ſe trouble point, & j'eſpere que nous nous en tirerons. Iſmin n'avoit pas achevé, qu'un des ſcélérats propoſa à ſes camarades de ſe défaire très-promptement des deux Voyageurs. Iſmin effrayé du danger, plus pour le Roi que pour lui-même, alloit haſarder, comme derniere reſſource, de nommer le *Roi*, perſuadé qu'à ce nom ſacré les brigands tomberoient à ſes pieds ; cependant il préféra d'eſſayer de les fléchir... Vous parlez à merveille, lui répond un des voleurs qui, de plus, étoit mauvais plaiſant ; mais, en conſcience, Meſſieurs, vous conviendrez avec nous que nous ne pouvons gueres nous diſpenſer de vous tuer ; car ſi nous ſommes pris après vous avoir volé tout ſimplement & ſans violence, nous ſerons punis de mort comme ſi nous étions coupables de meurtre. La Loi traite tout cela également. Le danger eſt le même pour nous dans l'un & l'autre cas : pour peu qu'on ait l'eſprit juſte & conſéquent, on eſt forcé d'avouer que notre sûreté exige que vous ſoyez tués. L'argument étoit terrible. Ismin ne voyoit plus de moyens de répondre qu'en nommant le Roi, quand le chef de ces malheureux ramena les avis à un parti plus doux, en exigeant ſeulement des Voyageurs leur parole d'honneur de ne point les dénoncer.... Fuyons dit Isınin, dès qu'il vit les brigands un peu écartés, il ſeroit à craindre qu'ils ne changeaſſent encore une fois d'avis. Remercions la Providence, reprit le Roi, d'avoir échappé à ce danger ; elle a voulu que je le viſſe de près pour me faire ſentir les ſuites funeſtes d'une loi meurtriere qui confond les crimes dans une même peine. Mon Chancelièr n'a probablement jamais été menacé de la mort par des voleurs. Je crois que la leçon l'auroit éclairé, & qu'il auroit vu qu'il y a quelque danger à punir également deux crimes auſſi différents que celui de voler ſans tuer, & celui de tuer & de voler. En vérité, reprend Isınin, je jure bien d'en dire auſſi pour ma part deux mots à M. le Chancelier, je crois qu'avec toute ſa juriſprudence, il auroit été paſſablement embarraſſé de répondre quelque choſe qui eût le ſens commun au drôle qui nous a ſi vertement argumentés.... Ces Messieurs, ajouta le Prince, font des Loix tranquillement dans leur chambre, ou commentent celles qui sont faites bien ou mal, sans trop se donner la peine d'en examiner les suites ; il faudra que je les envoie prendre quelques leçons sur les grands chemins, continua le Monarque en s'égayant un peu, ce dont il avoit besoin, ainsi que son confident, qui n'étoit pas bien remis encore de l'effroi que lui avoit inspiré le danger qui avoit menacé les jours de son Auguste Maître. (*d*)

CHAPITRE IX.

Autre rencontre qui n'étoit pas faite pour rassurer. Commis des gabelles. Conversation avec un Philosophe de Province.

LE Prince & Ismin touchoient aux limites de la Province qu'ils venoient de parcourir, quand ils apperçurent une troupe de gens armés, mal vêtus & en tout d'un aspect plus sinistre que les brigands auxquels ils venoient d'échapper. Dieu nous protege encore cette fois, dit le Monarque, voilà sûrement le gros de la troupe dont nous avons rencontré un détachement... Il alloit continuer, quand ils furent entourés de ces gens armés... Meſſieurs, leur dit Ismin que l'on fouilloit déjà, vous pouvez vous diſpenſer de cette cérémonie, dans cet inſtant même nous venons de rencontrer de vos Meſſieurs qui ne nous ont rien laiſſé.... Point de réplique ni de mauvaiſe plaiſanterie, dit le chef de la troupe, & on continua de le fouiller juſqu'à la peau... Ce ne ſont point là des voleurs, dit le Roi tout bas à Ismin, dès qu'il les vit un peu éloignés.... Je ne ſçais trop qu'en penſer, répond Ismin, ils ne nous ont rien pris parce qu'ils n'ont rien trouvé à nous prendre; mais on ne peut pas croire que leur intention ſoit fort honnête à en juger par la maniere dont ils ſe comportent. Ce pourroit bien être cependant quelque forme d'adminiſtration que nous ne connoîtrions pas..... Oui, dit le Prince, après ce que nous avons vu aux portes des Villes, nous devons ſuſpendre notre jugement.... Monſieur, continua-t-il en adreſſant la parole à un voyageur qui marchoit à quelque diſtance d'eux, pourriez-vous nous dire quelle eſt la profeſſion de ces gens qui vous ont fouillé ainſi que nous... Monſieur, répond le voyageur, ce ſont des Troupes du Roi commandées par Meſſieurs les Régiſſeurs ou Fermiers généraux... Comment des Troupes, répond le Roi avec étonnement ? Oui Monsieur, continue le voyageur, cette sorte d'armée est à peu près de vingt mille hommes sur les frontieres, sans compter beaucoup d'autres Corps d'infanterie pesante qui reste toujours aux portes des Villes, & la Cavalerie des Aides.... Ces Messieurs sont des étrangers ? Oui, dit Ismin, c'est ce qui fait que vous nous voyez un peu étonnés.... Le service de ces Troupes est donc de fouiller les passants.... ? Sans doute, Monsieur, quoiqu'il n'y ait rien de plus simple & de plus naturel, je vais vous expliquer cela. Vous n'ignorez pas sûrement que le sel est une denrée de premiere nécessité, car j'imagine que dans la Perse, que je crois être votre Patrie, comme en Lydie, l'usage du sel est journalier & indispensable, & que nulle part ce n'est une affaire de fantaisie. Eh bien, Messieurs les Fermiers généraux ou Régisseurs (je ne sçais trop ce qu'ils sont) se chargent de faire valoir les droits du Roi sur cette denrée. Il est quelques Provinces qui échappent à leur inspection, en vertu de certaines conventions particulieres. Telle est celle, par exemple, dont vous voyez la frontiere. Ici, dans ce lieu même où j'ai l'honneur de

vous

vous parler, le ſel coûte douze fois plus qu'il ne coûte au delà de ce poteau que vous voyez planté à cent pas du chemin. Cela poſé, vous voyez clairement qu'il faudroit que les habitants de la Province dans laquelle nous ſommes, fuſſent plus que des Anges pour n'être pas tentés & ne pas ſuccomber à la tentation d'aller à cent pas d'eux chercher du ſel à bon marché pour leur conſommation, & même pour le revendre dans l'intérieur. Les Meſſieurs qui ſe chargent de la perception des Impôts, & qui ſe connoiſſent parfaitement en calcul de profit, ont bien ſenti que celui qu'il y auroit à faire dans ce genre de contrebande ſeroit du plus grand attrait. Ils n'ont donc pu, après avoir profondément étudié le cœur humain, trouver d'autre obſtacle à oppoſer à cet inconvénient, qu'une armée qui bat le pays jour & nuit. Enſuite, pour aſſurer le débit du ſel royal, ils ont taxé d'autorité chaque ménage qui eſt contraint d'en prendre tant de livres. Bien des gens trouvent que cet arrangement n'eſt pas parfaitement juſte, & qu'une telle adminiſtration doit néceſſairement produire de grands déſordres. Mais je le crois, répond le Roi ; & vous avez raiſon, continue le Voyageur, car voici à peu près ce qui en réſulte : il s'établit une guerre intestine entre les Troupes des Contrebandiers & celles des Commis. On tue les uns, on prend les autres que l'on envoie aux galeres, ou que l'on pend quand la nécessité de l'exemple l'exige, & tout cela au nom du Roi, qui, je crois, est bien loin de se douter de ces horreurs-là. On ne voit, de toutes parts, que ruses, délations, combats, emprisonnements, miséres ; on n'entend que des clameurs de femmes qui redemandent leurs maris, & des cris d'enfants qui n'attendent que l'âge de la force pour entrer en guerre avec les Commis : daignez toujours observer que Commis & Contrebandiers n'en sont pas moins toujours des Citoyens qui, sous un autre régime, vivroient en paix. Voici pour la forme : venons au fond. Naturellement on croiroit que de si étranges abus devroient au moins être compensés par de grands avantages pour la Nation & le Souverain : mais vous allez en juger. La Nation paye nécessairement tout ce qu'il en coûte en frais de régie, d'espionnage, de gardes, de visites ; tous les gages des Employés, les profits, & à cela même vous ajouterez les frais de la contrebande ; car quoique le Contrebandier se contente d'un gain bien inférieur à celui de la Ferme ou de la Régie, encore est-il juste qu'on lui tienne compte, & de sa peine & des dangers auxquels il s'expose ; enfin, les frais de procédure, de contrainte, de confiscation. Quelques raisonneurs, amis du bien, ont calculé que le sel marchand, y compris l'impôt, ne vaudroit par-tout le Royaume que très-peu au delà de ce qu'il vaut dans cette Province ; que le Roi retireroit beaucoup plus d'argent d'une forme d'impôt plus simple, & que l'on pourroit alors occuper plus utilement les Commis & les Contrebandiers. Ces mêmes raisonneurs assuroient qu'il avoit existé des genres d'imposition, tels que les frais passoient le triple du produit, & qu'il sembloit que le Souverain payoit exprès des traitants, avec leur innombrable suite, pour vexer sa Nation, la ruiner, & épuiser conséquemment pour lui-même toutes les sources des revenus. Mais pourquoi, dit le Prince, n'a-t-on pas représenté au Souverain les désastres de ces impositions ? Cela a été fait, Monsieur, dans des milliers d'ouvrages que le Roi ne lit point & probablement ne lira jamais. On ne cesse de lui répéter que les faiseurs de livres n'entendent rien à l'administration, & que si on suivoit leurs systêmes on boulverseroit l'état ; il finit par le croire, & de bonne foi, à sa place, vous en feriez tout autant. Cependant il y a lieu de penſer que les Miniſtres eux-mêmes ne peuvent gueres s'inſtruire que par les livres qui oſent quelquefois entrer en concurrence avec les mémoires de leurs premiers Commis. Tout en cauſant ainſi ils approchoient de la Ville où réſidoit leur compagnon de voyage. Quoiqu'il ne fût qu'un pauvre Lettré de Province, il n'en offrit pas moins ſon aſyle au Monarque, qui l'accepta avec d'autant plus de plaiſir, qu'il eſpéroit tirer quelque profit de la converſation de ſon nouvel hôte.

CHAPITRE X.

Le Roi chez le Philoſophe, qui eſt ravi de voir qu'on l'écoute & qu'on l'entend.

A peine arrivé dans la Ville & dans la maiſon du Philoſophe (car c'en étoit un) après les cérémonies d'uſage & viſites de Commis, dont nos Voyageurs avoient déja pris l'habitude, le Roi reprit la converſation. Bientôt il s'apperçut par les ſorties fréquentes du Philoſophe contre les loix qui gênoient la liberté d'écrire, que le bon Provincial faiſoit des livres. Franchement, lui dit le Prince, il me semble, Monsieur, que vous êtes auteur. Oui, Monsieur, répond modestement le sçavant, j'ai même l'honneur d'être un des membres de notre Académie; parce que dans une petite Ville il faut bien être quelque chose pour faire sa partie chez M. le Subdélégué ou chez M. le Directeur des Aides, & pour avoir quelque considération auprès des Dames qui ont infiniment de bontés pour les Académiciens. Je vous avouerai pourtant que je ne m'occupe plus de littérature ni de chimie... Mais quelle est donc votre partie? — L'administration. Ma folie a toujours été de croire qu'il étoit possible de rendre les hommes moins méchants & moins malheureux qu'ils ne le sont. Après avoir bien étudié tous les Philosophes anciens & modernes, & leurs sublimes traités de morale, je me suis assuré qu'il ne suffisoit pas pour arriver au but que je me proposois d'atteindre, de sermoner, puisque malgré tous les Philosophes & leurs traités, ils en étoient à peu près demeurés au même point de misère & de perversité. J'ai essayé de fermer tous les livres & de prendre la nature pour seul guide: jamais elle ne trompe ceux qui s'adressent à elle de bonne foi. Je m'en suis donc tenu tout simplement à la méthode de ne consulter qu'elle, de ne pas chercher à montrer plus d'esprit que mon guide, de n'avoir enfin de marche que la sienne. J'ai été étonné du chemin que j'ai fait en peu de temps, & de la bonté avec laquelle la Providence avoit daigner placer si près de nous le vrai & l'utile : j'ai continué & fait vœu d'employer ma vie à indiquer aux simples & aux hommes de bonne volonté la route qui m'avoit si bien conduit... Pourriez-vous nous dire un mot des vérités que vous avez rencontrées, lui dit le Roi en l'interrompant ? — Ah ! Monsieur, le premier résultat de mon nouveau genre d'étude fut la découverte d'une vérité bien simple, & que j'avois été chercher bien loin. La voici : l'intérêt est notre premier ressort, la plupart de nos vertus & de nos vices tiennent à lui seul, selon qu'il est bien ou mal éclairé. Tous ces désordres, que présentent aux regards d'un observateur les sociétés humaines, n'ont pour principe que le faux calcul des intérêts mal connus. Rendez à chacun selon la mesure de son droit, ou pour parler plus simplement, ne prenez la part de personne, & vous verrez renaître autant d'ordre que l'on peut espérer d'en voir sur la terre. Or, il n'y a que le Gouvernement à qui cela puisse s'adresser, puifqu'il a affaire aux parts de tous, c'eſt donc lui, avant tout, qu'il s'agit d'éclairer.

Quelle feroit la proſpérité d'une Nation dont le Souverain daigneroit prêter une oreille attentive à la voix de la nature ? Il ſe reporteroit au commencement des ſociétés humaines, & là étudieroit, dans l'ordre immuable qui les a fondées, ſes droits & ſes devoirs, les droits & les devoirs de ceux que la Providence a confiés à ſes ſoins. Il y verroit la vraie meſure de ſa puiſſance; il apprendroit à regarder les mots ſacrés d'ordre & de juſtice, non comme de vains ſons d'une moralité preſqu'auſſitôt étouffée que conçue, mais comme les ſeuls liens auxquels tiennent la durée & la force des Empires. C'eſt alors que, ſe reconnoiſſant premier ſujet de la Loi poſée par l'Auteur de tout, il s'écrieroit, dans le ſentiment de ſa vraie grandeur, je n'ai plus rien à ordonner, il ne me reſte qu'à obéir le premier & à faire exécuter ce qui a été ordonné avant moi.

Hélas, ce qui a égaré les chefs des Nations a été, dans tous les temps, cette folle préſomption de ſe croire Légiſlateurs du monde, tandis qu'ils n'étoient & ne peuvent être que les organes de la Loi ! L'Éternel n'a rien livré au haſard ni au caprices de nos vains ſyſtêmes, tout ſe lie & s'enchaîne dans un cercle de droits & de devoirs, que l'orgueil de l'homme ne ſçauroit franchir ſans ſe condamner lui-même au malheur & à la deſtruction. S'aſſurer qu'il exiſte une Loi antérieure à lui eſt le premier devoir d'un Prince ; étudier ce que cette Loi exige de lui, & obéir, voilà ce que l'on doit appeller régner : hors de là tout n'eſt plus que déſordres, folies de tyrans, révoltes d'eſclaves, miſere & anéantiſſement.

Meſſieurs, dit le ſage un peu fatigué de ſa tirade, comme il me ſemble que le ſujet que nous traitons ne vous ennuie pas, je crois que je ferai mieux de vous lire le petit précis d'un grand ouvrage auquel j'acheve de mettre la derniere main... Vous ne ſçauriez nous faire plus de plaiſir, lui dit le Monarque, déjà charmé de ce qu'il venoit d'entendre ; & le Lettré commença ainſi ſa lecture avec cette ſecrette ſatisfaction que reſſent même tout Philoſophe qui voit qu'on l'écoute.

CHAPITRE XI.

Précis d'un grand Ouvrage.

LE besoin est l'organe de la Loi qui a appellé les hommes à l'état de société & qui les y maintient : c'est donc le besoin qui, longtemps avant les raisonneurs & leurs gros livres, a enjoint aux hommes de réunir leurs efforts & leurs travaux. Dès le moment où deux hommes se sont ainsi trouvés réunis par le besoin réciproque des secours, la Souveraineté vint se placer entre eux pour lier & maintenir leurs rapports. Qu'on ne vienne donc plus demander qu'est-ce qui a fait les Rois ? Car la Souveraineté n'est pas plus l'œuvre des conventions humaines, que la société elle-même qui suppose la premiere. Elles commencent ensemble, elles ont même origine, le besoin. La premiere conséquence de ces vérités si simples & de premiere évidence, est que la *Souveraineté* n'a & ne peut avoir d'autres fonctions, sur la terre, que de protéger, lier & assurer tous les rapports par lesquels la société s'est fondée & peut s'étendre.

Tout homme naît libre, c'eſt-à-dire, ſeul & unique maître de ſa perſonne & de toutes les facultés de ſa perſonne, ſans léſion du tiers : c'eſt ce que j'appelle la propriété de la perſonne.

Par l'uſage de ſes facultés & l'application de ſon travail, il devient maître & ſeul maître des choſes qu'il a ainſi acquiſes : je nomme cette ſeconde propriété, propriété réelle.

Enfin, par l'uſage de ſes facultés, l'application de ſon travail & l'emploi des choſes qu'il a acquiſes, il couvre de fruits un champ ſtérile ; & c'eſt là ce que j'appelle la propriété mobiliaire fonciere. On voit clairement que ces trois eſpeces de propriétés ſont confondues dans un ſeul droit ; droit que nul homme ne peut attaquer dans ſon ſemblable ſans une injuſtice manifeſte, auſſi révoltante que celle à laquelle il attenteroit à ſa vie, puiſqu'elles ne ſont toutes les trois qu'une ſuite néceſſaire de ſon droit à la vie.

C'eſt par la troiſieme eſpece de propriété que la ſociété eſt vraiment fondée, & d'une maniere durable, toujours renaiſſante ſelon le vœu de la nature, ſi l'injuſtice, deſtructive de tout droit & de toute proſpérité, ne vient changer les hommes en eſclaves & la terre en déſerts.

Quelque multipliés que paroissent, au premier aspect, les rapports des hommes, tels sont les principes sur lesquels ils sont établis, principes qui peuvent servir de base pour juger toute question d'administration, même la plus compliquée en apparence, & dire à un Souverain, là se borne votre Puissance ou la Justice ; ici commence le regne de la destruction, de l'absurde & de l'injuste.

J'ai dit que la société ne pouvoit être regardée comme solidement établie, que par la troisieme espece de propriété, ou la propriété fonciere, & cela n'est pas moins évident que ce qui précéde. La vie de l'homme n'est assurée que par la vie agricole qui, par des épargnes changées en avances & confiées à la terre, lui assure sa subsistance. C'est en vertu de ce traité fait entre la terre & l'homme cultivateur, que la société va s'étendre par les rapports & le concours des travaux. La terre, si l'homme est fidele à ses engagements d'épargne & de travail, lui rend ses avances au delà de leur mise, & double même un excédent au delà de ce qui est nécessaire à sa subsistance, excédent avec lequel il peut payer un compagnon dont le travail, joint au sien, double la récolte, & avec elle encore les moyens d'étendre la culture & les jouiſſances. Il arrive alors par l'augmentation de cet excédent, que le Propriétaire du champ peut s'aſſocier un plus grand concours de travaux, étendre ainſi ſon revenu, au point de pouvoir déſormais jouir ſans être aſſujetti à aucun travail : car il fait bientôt un traité avec le premier qui, ſur ſon ſalaire, a épargné les moyens d'acquérir des avances en grains, en inſtruments de culture, en beſtiaux ; il céde à ce nouveau cultivateur l'uſufruit de ſon champ en pleine valeur, ſous la réſerve d'une ſomme franche & quitte, que le cultivateur s'engage à lui payer au retour de chaque récolte : nous voici arrivés à l'état des perfections ſociales. Tout cela cependant n'a pu ſe faire ſans l'intervention de la Souveraineté, qui, comme nous l'avons déjà dit, eſt préſente dans l'inſtant même où deux hommes ſe trouvent réunis.

Mais examinons ce que cette même Souveraineté doit faire pour protéger ces rapports & ce concours de travaux, d'où la ſociété a tiré tous ſes moyens de ſe fonder & de s'étendre.

Je vois le cultivateur, au moment de la récolte, mettre de côté tout ce que la terre demande pour la reproduction de l'année ſuivante, reprendre tout ſes frais, donner à chacun ſon ſalaire ſelon la miſe de ſon travail. Tous ceux qui ont concouru à la culture, de près ou de loin, arrivent & viennent demander leur part : à leur tête eſt le Souverain qui a fait les avances de ſûreté, ſans laquelle il n'y auroit pas eu de reproduction, parce qu'il n'y auroit pas eu d'eſpoir de récolte. On voit clairement que ſa miſſion a été de protéger & de défendre, contre les ennemis du dehors, de maintenir l'ordre des rapports dans l'intérieur, d'arrêter la cupidité qui voudroit envahir la part d'autrui, d'en impoſer à la turbulence qui enfanteroit des déſordres dans les travaux ; enfin de donner l'exemple de la juſtice, en ne prenant que ce qui lui eſt dû. Le revenu du Souverain n'étant & ne pouvant être fondé que ſur le revenu du champ ; ſon revenu augmentera en raiſon de l'accroiſſement du revenu du champ qui rendra les parts de tous meilleures ; ſon intérêt eſt donc indiviſiblement lié à la proſpérité du champ. Mais d'où dépend-elle cette proſpérité ? Nous l'avons aſſez fait entendre. Du concours & de la réunion des travaux, de la conſommation qui ſollicite la reproduction ; conſéquemment de la pleine & entiere liberté de tous les rapports, de la facilité & ſûreté des chemins, de l'épargne ſur les frais de tranſport, de l'aſſurance parfaite que doit avoir le cultivateur, de n'être troublé par qui que ce ſoit dans ſes travaux & dans le choix de ſes moyens ; en un mot, de n'avoir affaire qu'au ciel & à ſa terre. A ces conditions, & dans ce cercle toujours renaiſſant de travaux & de jouiſſances, de droits & de devoirs ſatisfaits, la terre fidele à ſes engagements avec l'homme qui reſpecte ſes loix, ſe couvre d'abondantes moiſſons, bientôt la famille croît, ſe multiplie & devient une nation puiſſante ſur ce même ſol où quelques hordes errantes venoient ſe diſputer les reſtes des oiſeaux & des fauves des déſerts.

Juſqu'ici rien d'arbitraire : tout eſt ſoumis à la loi d'un ordre ſelon lequel l'eſprit de juſtice & l'eſprit d'intérêt ne ſont qu'un ſeul & même eſprit. Mais voyons, en ſuivant toujours l'emblême de ce champ, ce qui arrivera ſi la Souveraineté vient à oublier les principes ſi ſimples de ſes droits & de ſes devoirs, & à ſe livrer à tous les preſtiges de la cupidité & de l'orgueil ; ſi elle prétend ſubſtituer ſes caprices aux loix de la nature, & violer l'éternelle juſtice par l'abus de la force même qui lui a été confiée pour aſſurer ſon empire.

Je ſuppoſe donc que le Souverain, au lieu

d'aller recevoir sa part à la source des distributions, telle qu'elle lui est assignée par la nature & dans la proportion, & selon la forme qu'elle a prescrite, veut ou la former, ou l'augmenter de rétributions prises sur les parts d'autrui : il dit à celui qui a construit les granges, donne moi tant sur ta portion, ce qui équivaut à dire, donne moi tant sur le prix de ton travail dont cette part est le salaire, & ainsi à tous ceux qui ont concouru à la reproduction par leurs travaux : il est évident, avant tout, qu'il commet une injustice en attaquant les parts d'autrui sur lesquelles on voit, d'après ce que nous avons dit, qu'il n'a & ne peut avoir aucune sorte de droit ; mais suivons & examinons attentivement ce que produira cette demande. Le premier effet de l'injustice, qui est toujours le dommage pour tout le monde, retombe sur le cultivateur vers lequel se retourne l'homme à qui on a pris une partie de son salaire, sans laquelle il ne peut continuer de travailler & de vivre. Si le Souverain continue & veut encore prendre sa part sur le salaire de ceux qui voiturent & vendent les productions, & sur les productions elles-mêmes, à chaque fois qu'elles sortent de la ferme ou qu'elles y rentrent, il est bientôt contraint, pour contenir la ruse ou la violence que l'injustice appelle, de placer à toutes les issues du champ des agents qui arrêtent au passage, fouillent & vexent tout le monde, interceptent & détruisent tous les rapports en brisant le plus sacré des liens, celui du même intérêt & de la confiance qui doit unir le Prince & les sujets. Nous touchons, dès lors, en peu de temps, au dernier terme du désordre que la ruine entiere de la société ne tardera pas à suivre ; de tutélaire & de protectrice qu'elle avoit été créée par l'auteur de la nature, la Souveraineté devient l'ennemie de la société, bientôt elle méconnoît tous ses devoirs en attaquant tous les droits de la propriété. La pression de l'injustice anéantit l'énergie des travaux, la circulation des échanges s'arrête, la consommation diminue, la reproduction cesse en même temps que les frais de toutes les especes augmentent. Le cultivateur ne verse plus que des larmes sur le champ épuisé qui se convertit en landes, & bientôt, enfin, la Souveraineté, elle-même frappée de l'anathême de la destruction & de la misere, expire & s'éteint sur le sable d'un désert avec la nation que son ignorance & sa cupidité ont immolée. Tel est le tableau effrayant que nous offrent

offrent les ſuites de l'infraction de l'ordre que l'Eternel a établi par l'unique Loi des Peuples & des Rois. Je vous laiſſe maintenant à penſer, Meſſieurs, quelle opinion l'on doit avoir de tous ces ſyſtêmes enfantés par les préjugés & la cupidité, dont le but paroît toujours être d'enrichir le Prince aux dépens de la Nation, comme ſi l'intérêt du Prince pouvoit jamais être ſéparé de celui de ſes Peuples. Voyez-y dans preſque tous les Etats modernes, cette importance myſtérieuſe des Adminiſtrateurs, ce ſoin continuel qu'ils ont de s'envelopper de ténebres, eux & leurs opérations; cette marche ſourde, incertaine, qui ſeme la méfiance à chaque pas, méfiance trop ſouvent juſtifiée par ſes effets déſaſtreux.

Une Adminiſtration ſage & éclairée ſçait, au contraire, qu'elle n'a rien de mieux à faire que d'inſpirer la confiance & de réunir, de confondre, dans un ſeul intérêt, les intérêts ſi long-temps diviſés du Monarque & des ſujets. Tout le monde ſçait bien qu'il faut un revenu, & un revenu puiſſant à la Souveraineté d'un grand Empire, pour maintenir l'ordre dans l'intérieur, & défendre la ſociété des ennemis du dehors, & perſonne ne ſe croira jamais autoriſé à refuſer de payer ce qui eſt dû ; mais quand la maniere de prendre sa part est sans mesure connue, injuste par cela seul, ruineuse & vexatoire, on se plaint, on murmure, le fisc entre en guerre avec la Nation, & de toutes parts on ne voit plus que troubles & désordres. Vous serez tout étonné, dirois-je à un Prince ami de la vérité, de l'ordre & de la justice, de la facilité que vous trouverez à régner, du moment où votre Administration voudra bien ne se mêler que de ses affaires, & ne suivre d'autre marche que celle de la nature. Daignez bien vous convaincre de cette premiere vérité, que votre revenu, de quelque maniere & sous quelque forme que vous le perceviez, n'est & ne peut être jamais qu'une partie du revenu total de votre territoire. Si la forme de perception ou l'imposition attaque dans sa source la reproduction du revenu total, elle diminue nécessairement votre part, & il n'est point d'opération de finance qui puisse vous sauver, vous & votre Peuple, de la ruine qui vous menace.

C'est du désordre & des faux principes de l'Administration intérieure qu'est sortie cette fausse science que l'on appelle politique : la Souveraineté aveuglée par la passion de tout envahir, une fois hors des voies de la nature, après s'être bien cantonnée dans son intérieur, après avoir séparé son intérêt de celui de la Nation, & avoir couvert son territoire de trapes & de barrieres, la Souveraineté, dis-je, a dû nécessairement suivre les mêmes principes au dehors : elle a encore entouré son territoire de barrieres. Le Peuple voisin en a fait autant ; & voilà deux Nations dans une situation respective de méfiance qui nécessairement conduit à l'état de guerre : chacun de son côté saisit & pille au passage ce qui entre & ce qui sort. L'un défend l'entrée de telle production, l'autre en défend la sortie ; les deux Peuples se ruinent à l'envi par un nouveau genre de guerre mille fois plus désastreux que celui des armes, guerre de fisc & de cupidité aveugle qui détruit toutes les communications, qui anéantit le commerce le plus avantageux, le commerce le plus voisin. Le mal ne tarde pas à se faire connoître par ses effets ; mais on est loin d'en connoître la source. On fait des traités, pour le dehors, aussi mystérieux que les opérations de l'intérieur, chacun cherche à y tromper son voision, sans songer que le dommage tombe d'aplomb sur lui-même par un contre-coup inévitable, & voilà ce qu'on appelle secrets d'Etat. Ces traités dictés par la mauvaise foi & reçus par la méfiance, sont bientôt détruits; succédent alors les guerres qui achevent de mettre le comble aux maux qu'a déjà enfantés cette prétendue paix qui n'étoit elle-même qu'un état de guerre continuel, puisqu'il n'est, au fait, de véritable guerre, que celle des intérêts qui se combattent.

Ici enfin le sçavant s'arrêta: le Roi qui avoit écouté avec la plus grande attention, frappé de la vérité & de la sagesse de ces principes, le pria de la maniere la plus pressante de lui faire présent de ce précis de son grand livre, en l'assurant qu'à son retour en Perse, il ne manqueroit pas de le communiquer à un premier Commis de ses amis, & que peut-être il arriveroit jusqu'au Prince. Dieu le veuille, reprit modestement le sçavant! En quelque endroit du monde qu'il lui plaise de faire germer ces grandes vérités, je mourrai content, en bénissant le nom du Souverain qui rappellera le vrai régne de l'ordre, & j'emporterai cette douce espérance, qu'un jour peut-être mon pays profitera au moins de cet exemple. Après avoir rendu mille graces au Philosophe qu'il se promit bien de revoir un jour, le Prince reprit, avec son confident, la route qui les conduisit à une grande Ville de trafic, & l'un des plus beaux ports du monde.

CHAPITRE XII.

Arrivée du Prince dans une grande Ville de Commerce Maritime. Il prend, du Commerce, une opinion toute contraire à celle qu'il en avoit.

VOici enfin de l'opulence, s'écria le Roi Melès, en contemplant le Port de cette Cité rempli de Vaisseaux. Ce spectacle rejouit ma vue fatiguée de l'aspect des tristes déserts que nous venons de parcourir. Oui, répart Ismin, une telle Ville à deux cents lieues de la capitale donne une haute idée de la Puissance du Souverain & des richesses de la Nation.... Des richesses de la Nation, reprend, en sécouant la tête, un homme qui les écoutoit, dites des richesses des Négociants, & alors l'expression sera juste... Comment, reprend le Prince, vous ne voulez pas, Monsieur, qu'une Ville aussi commerçante soit une source de richesses pour la Nation? Hélas, Monsieur, je le défirerois de tout mon cœur, continua le raifonneur, mais malheureufement il en eft autrement... Nous ne nous entendons pas affurément, Monfieur, dit Isinin, un peu choqué de cette contrariété d'opinion. Je le crois, il n'eft pas étonnant que vous foyez féduits par un tel fpectacle ; beaucoup de gens qui devroient en fçavoir fur cela plus que vous, à commencer peut-être par le Souverain & fes Miniftres, jugeroient cependant de même. Mais que voulez-vous dire, Monfieur ? — Je veux dire que fi, comme Souverain, je voyois une telle Ville à l'extrêmité d'un Royaume, dont les deux tiers font en friche ou en mauvais état de culture, je me garderois bien de confondre les richeffes des Négociants ou trafiquants avec les richeffes de la Nation, & que j'aurois bientôt une toute autre idée du trafic, que je me garderois bien de confondre avec le vrai & utile commerce. En deux mots, Meffieurs, vous pourrez m'entendre : tout le commerce de cette Ville, & de celles qui lui reffemblent, n'eft réellement qu'un trafic ou un commerce de revendeurs, dont le profit ou la rétribution fondée fur des privileges exclufifs enchérit néceffairement pour ceux qui les paient le prix des marchandifes, en le diminuant d'un autre côté pour ceux qui les vendent en premiere main & qui sont les vrais commerçants. Il est donc clair que cette rétribution se paie toujours directement ou indirectement aux dépens des biens fonds des deux côtés, d'où il suit que ce commerce de revente si chargé de frais, loin d'être avantageux pour les Nations qui possedent les biens fonds, n'est pour elles, au contraire, qu'un objet de dépense qui les mine sourdement sous la dangereuse apparence de l'opulence & de la prospérité. Le commerce le plus avantageux pour une Nation agricole est le commerce le moins chargé de frais, le plus ouvert à la concurrence & le plus voisin de la reproduction; conséquemment le commerce le plus éloigné, le plus chargé de frais & de privileges, sera à tous égards le plus défavorable pour cette même Nation qui sera réellement appauvrie en raison de la fortune des Négociants, puisque cette fortune n'est qu'un résultat de frais pour ceux qui leur paient leurs rétributions. Je dirai donc, en secouant la tête, & avec raison, les richesses de ces Négociants ne sont point du tout les richesses de la Nation. Ces principes, répond le Roi, sont si étrangers aux principes reçus, qu'ils me paroissent avoir besoin d'explications : Je vous prierai donc... Ah ! très-volontiers, Monſieur, tout ce que nous dirons n'empêchera pas que les choſes n'aillent toujours leur même train, à la grande ſatisfaction des Adminiſtrateurs & de la Nation elle-même qui ſe croit réellement très-riche de l'argent qu'elle donne ; mais il y a toujours quelque plaiſir à s'entretenir du bien & à le voir poſſible. Un petit exemple va juſtifier mes principes, & vous faire ſentir quelle différence il y a, pour une Nation, entre le commerce éloigné & le commerce le plus prochain.

Je ſuppoſe que les vins, qui ſont un objet très-conſidérable de commerce pour cette partie du Royaume, ſe vendent bien chez nous au lieu d'être portés chez l'étranger. Il eſt évident que ſi nos Provinces qui n'ont point de vin ont les moyens de payer celui des Provinces qui le produiſent, ce genre de commerce eſt immédiatement le plus avantageux pour celui qui paie & pour celui qui vend : pour celui qui paie ou achete, parce qu'il a moins de frais à rembourſer ; pour celui qui vend, parce qu'il vend à un bon & ſûr prix qui ne diminue pas ſous des prétextes de ſuppoſitions de pertes, de haſards, & parce que l'argent revient plus promptement à la vigne. Cela prouve en core que la Province qui n'a point de vin, a tiré de ſa culture les moyens d'en acheter, & cela n'eſt pas indifférent à obſerver. Pour peu que vous ayez voyagé dans l'intérieur de l'Empire, vous devez avoir remarqué que les deux tiers des habitants boivent de l'eau, parce qu'ils ne peuvent acheter du vin, & cela n'eſt pas un état de proſpérité. L'état vrai de proſpérité ſeroit qu'ils puſſent échanger entr'eux les denrées de leurs territoires bien cultivés. Mon objet n'eſt pas, dans ce moment, de vous expliquer tout ce qui s'oppoſe à un ordre de rapports que nous ne verrons peut-être jamais. Mon but eſt de vous démontrer que le commerce le plus utile eſt toujours le plus voiſin de la terre qui produit. Mais, dit le Prince, permettez-moi de revenir ſur l'article des frais que nous paſſons un peu légérement. Il me ſemble que ces frais ſont pour l'étranger qui achete. D'accord, Monſieur, mais vous conviendrez auſſi que ces mêmes frais, quoique payés par l'étranger, n'enrichiſſent pas la Nation, mais le Négociant qui revend, lequel Négociant, quoiqu'il ſe diſe *national*, n'eſt pourtant pas la Nation, comme nous le verrons. Voici encore ce qui arrive : l'étranger cherche à ſon tour à reprendre ſa revanche ſur ce qu'il vend ; les frais augmentant ainsi de part & d'autre en raison des distances, des difficultés & des exclusions, les agents se multiplient d'autant entre les vrais vendeurs & acheteurs qui sont les possesseurs des terres, & il y a dépense en pure perte pour les fonds productifs des deux côtés. Le commerce intérieur est donc le plus avantageux, & celui qu'on doit protéger avant de songer au commerce éloigné ; jusqu'à présent on a fait tout le contraire, on a interverti l'ordre de la nature, & des désastres de tous les genres l'ont déjà pleinement vengée de nos attentats. Oui, Messieurs, & l'on ne sçauroit assez le répéter, le commerce éloigné n'est qu'un commerce d'excédent qui doit arriver à la suite du commerce intérieur ; il en doit suivre exactement la marche, c'est-à-dire, qu'il doit tendre constamment à la diminution des frais, & cela se fera de soi-même, si l'Administration veut bien consentir à ne plus rien défendre ni ordonner. Elle n'a autre chose à faire que de le laisser jouir de la plus parfaite liberté, & de repousser tous les demandeurs de privileges, car il n'y a que la concurrence qui puisse diminuer les frais. Mais si, toujours trompé par ce faux éclat des richesses des Négociants qu'il croit être celles de son Peuple, un Souverain veut non-seulement que le Négociant national jouisse dans ses ports d'avantages & d'immunités dont ne jouira pas le Négociant étranger, mais qu'il défende même dans un certain temps à tout autre Négociant de l'intérieur d'acheter des vins, comme cela se pratique dans cette Province, voici ce qui arrivera & ce qui arrive.

Ce trafiquant *national* dont le métier, malgré son titre, n'est point de faire des traités sur le patriotisme, mais bien le plus grand profit sur ses marchandises, étant seul à vendre, sera seul maître du prix & vous rançonnera : premier désordre. Vous croyez bien que l'étranger, vexé dans vos Ports & sur vos frontieres, ne manquera pas de suivre le même régime, & que vous trouverez chez lui le même traitement que vous lui faites éprouver chez vous : autre désordre.

Voici donc les Négociants des deux Nations qui doivent véritablement être considérés comme deux républiques, dont les intérêts sont évidemment opposés à ceux de leur propre pays, car leur intérêt est d'augmenter leurs mémoires de frais, qu'il est de l'intérêt des Nations de diminuer. Il faudra payer sans murmurer & s'applaudir de son bonheur, si l'on échappe à la foule de tant d'autres maux qui bientôt ne doivent pas manquer d'éclore. Bientôt de folies en folies, & d'erreurs en erreurs, on arrivera au projet d'abandonner des champs fertiles pour aller cultiver des déserts : la Nation entiere, égarée par le délire de la plus aveugle cupidité, ne songera plus bientôt qu'aux avantages du commerce éloigné, & tout deviendra trafiquant. Bientôt alors la Métropole s'épuise en avances pour protéger des Compagnies exclusives, & tel Peuple, d'agricole & de souverain qu'il étoit par la nature, devient mercenaire & esclave de ses propres agents. Chacun se resserre exclusivement & se ruine en frais, en courant après des profits imaginaires ; surviennent nécessairement les guerres suscitées par ces Négociants avides qui demandent protection, les mers bientôt se teignent de sang & se couvrent des débris des richesses nationales anéanties.

Telles sont les tristes suites de ce commerce éloigné & du préjugé funeste qui le fait regarder comme base de l'opulence & de la prospérité des Empires.

Admirez à présent, Messieurs, si cela vous plaît, cette Ville superbe dont les tours se confondent avec les pavillons des vaisseaux qui rempliffent fon Port ; je l'admirerois comme vous, fi les vaftes Provinces qui font derriere étoient bien cultivées & bien peuplées ; fi ces vaiffeaux ne venoient chercher que l'excédent des productions bien payées fur leur territoire ; fi enfin une liberté égale d'entrer & de fortir établiffoit entre les nationaux & les étrangers la plus parfaite concurrence. Ce n'eft qu'à ces conditions que le commerce éloigné, ou le trafic, peut me paroître avantageux, & jufqu'à ce qu'elles foient parfaitement remplies, vous me permettrez, Meffieurs, non d'admirer, mais de gémir fur l'aveuglement des Adminiftrateurs qui croient enrichir vraiment la Nation en augmentant les privileges exclufifs des Négocians indigenes de la Nation elle-même qui applaudit à ces belles opérations, & de tant d'écrivains qui ne parlent que de traités de commerce, de balance de commerce, fans fonger qu'il n'eft d'autres traités, ni de balance à faire, que de le débarraffer de toutes fes entraves, & de lui ouvrir les Ports. C'eft à cela que doivent fe réduire tous les foins de l'Adminiftration... L'homme dit &, en s'échappant, laiffe le Monarque & fon Compagnon confondus de ce qu'ils venoient d'entendre.

CHAPITRE XIII.

Réflexions du Prince. Sa converſation avec un Payſan, ſur les corvées.

SEigneur, dit Ismin, en regardant le Monarque qui n'étoit pas encore revenu de ſa ſurpriſe, il faut convenir que voilà des principes qui, quoique forts extraordinaires aſſurément, ont néanmoins un air de vérité qui ſéduit. Dieu pardonne à ce terrible raiſonneur le mal qu'il m'a fait, répart le Prince. Je commençois à peine à reſpirer & à me remettre un peu, en contemplant ce Port, de la ſouffrance que m'avoit cauſée juſqu'à ce moment le ſpectacle de tant de miſere, j'aimois à me perſuader que ma Nation ne pouvoit être regardée comme pauvre avec des Villes de cette opulence, quand ce maudit homme eſt venu détruire la plus douce des illuſions. A la vérité, répond Ismin, ce Monſieur n'eſt pas conſolant, mais il eſt fort en raiſons, & je ne crois pas que votre Conſeil, aidé de tous les travailleurs en finance & de toutes les Compagnies d'orient

& d'occident, du nord & du midi, puisse combattre avec succès un seul de ses principes sur le commerce qui, comme je l'ai parfaitement compris, ne doit pas être confondu avec le trafic. Il me paroît évident que les guerres qui ont pensé ruiner vos Prédécesseurs, & leurs ennemis, n'ont pas eu d'autre cause que l'erreur des Administrateurs sur la vraie nature du commerce. Dans le cas même où nos propres Négociants vendroient à la Nation des denrées étrangeres à meilleur marché que les Peuples voisins, ce qui assurément n'est pas, il n'en est pas moins évident que ce profit n'est qu'imaginaire, si l'on veut bien tenir compte de ce qu'il en a coûté en avances & en guerres causées par la cruelle manie de soutenir exclusivement ces mêmes Négociants... Je vois, ajoute le Monarque, qu'il seroit plus avantageux de cultiver nos champs que d'aller établir des colonies dans des déserts, & chercher à trois mille lieues de chez soi des querelles inévitables. Le Prince alloit propablement dire de très-excellentes choses sur les Colonies, quand à quelque distance de l'opulente Cité qu'ils venoient de quitter, il fut interrompu par les plaintes & les murmures d'une centaine de paysans que l'on distribuoit en différents atteliers ſur le chemin... Et quelle eſt, mon ami, la cauſe de vos plaintes, dit-il avec bonté à l'un d'eux ? — Ne le voyez vous pas, Monſieur, répond le Payſan ? On nous contraint de travailler ici gratuitement, comme ſi nous avions du temps & des forces de reſte. Il y a tant de beaux Meſſieurs dans les Villes qui n'ont rien à faire, que ne les oblige-t-on de venir paſſer quelques heures de leur temps ſur les grands chemins ? Le Prince vit bientôt qu'il s'agiſſoit-là d'une corvée. Mais, reprit-il, il me ſemble qu'on avoit voulu détruire les corvées, & qu'on a été forcé, par les inconvénients du ſecond arrangement, à revenir au premier. Oui, répond le pauvre manœuvre ; mais il n'eſt qu'un arrangement ſans inconvénients, c'eſt que le Roi paie les gens qu'il emploie à conſtruire & réparer les chemins, car cela doit faire partie de ſes dépenſes. Quand on travaille malgré ſoi & ſans profit, on fait de mauvaiſe beſogne : vous voyez cette partie du chemin à réparer, pour cela il ne faudroit pas la moitié des travailleurs que voilà, s'ils étoient libres & payés, ni la moitié du temps que nous allons y paſſer ſucceſſivement, & l'ouvrage ſeroit bien fait : au lieu que dans un mois peut-être il faudra recommencer avec de nouvelles

nouvelles dépenſes ; car on imagine mille moyens pour ſe ſouſtraire, par ſa ruſe, à la violence ; & quand il s'agit de remuer les bras, il n'y a que la bonne volonté de celui à qui ſont les bras qui puiſſe en tirer parti, quelque moyen que prenne la force de celui qui commande, à moins qu'il ne ſouleve le bras de celui qui obéit. J'ai toujours vu que tout ſe faiſoit mal par la force ſeule. Mais, pardon, Monſieur, voici Monſieur notre Ingénieur qui ſe doute bien que je cauſe ; il faut, au moins, que j'aie l'air de remuer quelques pierres, & cela lui ſera à peu près égal, car pour lui ſes appointements ſont sûrs. Seigneur, dit Iſmin au Prince, plus j'y rêve, & plus je vois que cette partie d'Adminiſtration eſt encore bien éloignée de ſon véritable état de perfection, quelque bien ordonné que ſoit le Corps de Meſſieurs les Ingénieurs ; ceci ſoit dit encore en paſſant, puiſque nous les trouvons ſur notre chemin. Mais, je le répete, il ne s'agit que d'avoir de quoi payer, & je penſe que ce ſera toujours là un grand embarras pour Votre Majeſté, ſi ſon Conſeil n'eſſaie de quelqu'autre maniere d'adminiſtrer.... Mais que vois-je, ajouta Iſmin, Seigneur, n'appercevez-vous pas-là, tout près, un homme qui arrache les feps de fa vigne avec fureur : il femble ne s'arrêter que pour effuyer les pleurs qui ruiffelent de fes yeux. (*e*)

CHAPITRE XIV.

L'homme qui arrache fa vigne. Étonnante raifon qu'il donne quand on lui demande pourquoi; enfin, comment les affaires s'arrangeoient en Lydie.

CEt homme affurément eft infenfé, dit le Prince, approchons, interrogeons-le. Je crains bien, murmure tout bas Ismin, que nous n'apprenions là encore quelque trifte vérité. Mon ami, lui dit le Roi en l'abordant, êtes-vous fou ? Et pourquoi arracher des feps qui paroiffent en pleine vigueur & dans l'expofition la plus favorable ? Hélas non, je ne fuis pas fou, répond l'homme en continuant fa trifte befogne, quoiqu'il y ait, comme vous le remarquez bien, de la folie dans ce que vous me voyez faire ; mais la folie vient de plus haut que moi, & je ne fuis que l'agent. Comment donc, mais de fi beaux feps, répétoit toujours

Ismin ? — Et c'est là ce qui fait que je les arrache, continue l'homme qui ne pouvoit retenir ses larmes. Je suis ruiné par l'abondance de cette vigne, & je serois moins mal, si j'avois fait plutôt ce que vous me voyez faire. Je crois que mes voisins ne tarderont pas à suivre mon exemple. Comment, ruiné par l'abondance, reprend le Roi qui n'avoit encore rien vu ni entendu de semblable ? Certes, mon ami, vous extravaguez. — Oui, Monsieur, ruiné par l'abondance, cela ne s'entend que trop : quand l'abondance est sans valeur, elle fait l'effet de la disette, & pis encore, parce qu'elle a coûté des frais : voilà précisément ce qui arrive. Ceci, dit Ismin au Monarque, me paroît la suite de la leçon que nous avons reçue du cabaretier ; je m'en doute, reprend le Roi, & je crains bien que ce ne soient mes travailleurs en finance qui arrachent les vignes. . . Nos récoltes de vin, reprit l'homme qui ne demandoit qu'à soulager sa peine en se plaignant, sont telles depuis trois ans, que le vin est tombé ici sans valeur, & qu'on en donne la quantité de deux outres pleines pour avoir une outre en naturel. Mais que ne portez-vous votre vin dans les Provinces du nord de l'Empire, où l'on ne boit que de l'eau ? — Ah je vois bien, reprit le paysan, que ces Messieurs ne sont pas Lydiens, car s'ils étoient du pays, ils raisonneroient autrement : ils sçauroient que notre vin pour arriver jusqu'à ces Provinces, indépendamment des frais naturels de transport, est chargé de tant d'impositions, qu'il devient alors pour ces Provinces d'un prix qui les empêche d'en boire. Il y a quelque temps qu'un honnête Bourgeois de ce pays-ci conçut une spéculation de ce genre : heureusement pour lui qu'il a fait son essai sur une petite quantité, car il auroit été infailliblement ruiné. Il se dit donc un jour, comme le prétendent ces Messieurs, voilà du vin qui, arrivé dans la capitale, vaudra tant : une somme considérable au delà du prix qu'il coûtoit dans le pays. En effet, le vin, arrivé à sa destination, parut d'excellente qualité, & fut payé même au delà du prix qu'il pouvoit espérer. Mais quel fut l'étonnement de ce Monsieur, quand, en voulant faire son compte de dépense & de recette, il s'apperçut que les frais de tous les droits qu'il avoit été obligé d'acquitter en chemin, non-seulement égaloient sa recette, mais la surpassoient encore de la moitié de la valeur qu'avoit le vin dans le pays même? De sorte que si ces droits eussent été pris en nature sur le vin même à chaque douane & bureau, il se feroit trouvé que les Commis auroient réellement bu tout le vin, au nom du Roi, long-temps avant qu'il fût arrivé, & se feroient fait payer quelque chose encore pour la peine qu'ils auroient prise. Quoique je n'aie gueres envie de rire, j'avoue que j'ai peine à m'en empêcher quand je songe à cette histoire-là... Mais ce que vous dites-là ne me paroît pas croyable, reprend le Prince : — Ma foi, Monsieur, je voudrois bien que ce fût un conte, je n'arracherois pas ma vigne, & je me rejouirois de l'abondance, car je porterois mon vin là où il recevroit une valeur au delà de mes frais. Je ne sçais ce qu'il arrivera de la maniere dont on conduit tout ceci, mais ce que je sçais, avec mon petit sens, c'est qu'il est bien fâcheux d'être obligé de maudire l'abondance sur de beaux côteaux comme ceux-là, où, dans les intervalles de nos travaux, on ne devroit entendre que des chants de joie & des actions de graces. Malheur à ceux qui forcent au murmure, contre le ciel, l'homme entouré des des fruits de la terre ! .. Mais ce champ, par sa qualité & son exposition, dit Ismin, semble n'être destiné qu'à la culture de la vigne ? — C'est vrai ; mais que voulez-vous, Monsieur ?

Vous voyez qu'on le condamne à ne rien produire, ou à ne produire que des fruits qui seront de mauvaise qualité, puisqu'ils viendront à la place de ceux que la nature y demande. Mais ils feront ce qu'ils pourront, & ce champ lui-même sera en friche : je trouve moins ruineux de ne rien récolter, que de risquer de me voir écrasé, & après un long travail, par des frais qui m'emporteroient, sans espoir, le peu qui me reste. Oui, mon champ fera bientôt partie de ce désert qui s'étend jusqu'à nous, depuis cette chaîne de montagnes que vous voyez là-bas. L'incendie gagne tous les jours : dans ma jeunesse, ces côtes-là étoient encore chargées des plus belles vignes : des bruyeres, de mauvais bois les couvrent, & le Roi, & Monseigneur l'Intendant, laissent tout cela se détruire ; ma foi, il faut croire pourtant que l'impôt sur le vin diminuera à proportion qu'on arrachera les vignes, & qu'avec le temps, il n'y aura plus rien pour le payer. Mais, mon Dieu, en voici bien d'une autre, s'écria le paysan en tournant ses regards vers un champ situé à une petite distance de sa vigne, & que trois ou quatre hommes bouleversoient au milieu des gémissements d'une famille éplorée. Mon pauvre voisin ! Je lui avois bien prédit le malheur qui lui arrive... Et qu'eſt-ce donc encore, demande le Roi, déjà trop diſpoſé à l'attendriſſement par ce qu'il venoit de voir & d'entendre ? — Ah, Meſſieurs, continue le payſan, cet homme, mon voiſin, eſt chargé d'une famille nombreuſe ; il s'eſt aviſé, après avoir renoncé, comme je fais, à la culture de la vigne, de cultiver dans ſon champ une plante d'un très-grand uſage & d'un prompt débit, & qui y proſpéroit à merveille : j'ai eu beau lui dire que cela étoit défendu, il n'en vouloit rien croire, & le voilà pris. Ces Meſſieurs ſont des Commis de la Ferme ou du Roi. Vous ne ſçavez peut-être pas, comme vous êtes des étrangers, que le Roi prend, céde à ferme ou met en régie, peu importe, le privilege excluſif de l'approviſionnement de cette plante qui eſt devenue d'un uſage preſque univerſel. On dit que ſous le prétexte de faire fleurir le commerce des Colonies, on en défend la culture ici, quoiqu'elle s'y plaiſe infiniment, & qu'elle y ſoit de la plus excellente qualité.

On dit encore que nos Colonies n'en fourniſſent point, & que le Roi donc & les Meſſieurs qu'il a chargés de cette belle opération-là, achetent cette plante d'un peuple voiſin, d'où il suit qu'on nous la vend dix fois à peu près plus cher qu'elle ne coûteroit si la culture en étoit permise. Cependant nous aurions, sans cette défense, des champs de plus en valeur, & nous ne serions pas, comme on le dit encore, contraints de payer au-delà de l'énorme imposition qui est sur cette denrée, les frais de premiere, seconde & troisieme vente, les frais d'avaries, de pertes. Joignez à cela, que si la denrée se trouve de mauvaise qualité, faute de pouvoir choisir, on est bien obligé de s'en contenter : on vous répond à vos plaintes que c'est une mauvaise veine, & voilà tout. Le Prince s'approcha des Commis qui lui parurent très-honnêtes, à cela près de leur maniere de dévaster les champs. Il apprit d'eux-mêmes quelques petits détails d'Administration qui l'étonnerent infiniment, & se retira après avoir payé pour la malheureuse famille les frais d'amende & de destruction : les Commis partirent en se disant, voici encore une affaire d'arrangée. Ismin qui les entendit ne put s'empêcher de s'écrier, ah le malheureux pays où les affaires s'arrangent ainsi!

CHAPITRE XV.

Tristesse profonde du Roi. Rencontre d'un Soldat.

LE Monarque paroissoit occuppé des plus tristes réflexions ; Ismin marchoit à ses côtés en gardant un silence profond : ils avoient ainsi parcouru une étendue de plusieurs milles, quand le Prince, se tournant vers son Compagnon, lui dit, en soupirant, mon cher Ismin, je perds courage à la vue de tant de désordres ; il me semble à chaque pas que je fais, entendre la terre qui me reproche de la frapper de stérilité. Ces plaines immenses changées en déserts, ces côteaux dépouillés de fruits, ce cri universel de misere & d'oppression, tout m'accuse & remplit mon cœur du sentiment de la douleur la plus profonde. Dieu puissant, sous quels traits la Souveraineté pourra-t-elle donc être reconnue comme ton image, si elle desséche les champs où tu verses la rosée, & si elle en arrache les fruits que ta bienfaisance y fait naître ? Il n'est que trop vrai, Seigneur, reprend Ismin, que tous les maux qui ont frappé nos regards, ne peuvent gueres être imputés qu'à l'Adminiſtration, & que, pour me ſervir de l'expreſſion d'un payſan que nous avons rencontré, il ne faut s'en prendre ni au ciel ni à la terre. Si jamais Prince put être juſtifié par l'excellence de ſon cœur, je le dis ſans adulation, ce fut vous, Seigneur, & il n'eſt d'erreurs coupables que celles de la volonté. Achevons notre courſe, tâchons de bien rapprocher ces effets déſaſtreux de leurs cauſes, & daigne Votre Majeſté ne pas perdre l'eſpoir d'y remédier : Elle trouvera de grandes reſſources dans l'induſtrie & la reconnoiſſance de ſes Peuples, quand ils la verront s'occuper ſérieuſement de leur bonheur. Cette terre naturellement fertile ouvrira encore ſon ſein aux avances & au travail, elle ne demande qu'à ſe reconcilier avec l'homme : je penſe, comme diſoit encore ce fermier qui nous a donné l'hoſpitalité dans les commencements de nos voyages, qu'en tout vous ferez bien de la conſulter même avant votre Conſeil. Je crois entrevoir que ce n'eſt pas tant de l'argent qu'il faut s'occuper que des moyens d'en faire naître, & que de tous ces moyens, le plus plein & le plus conſtamment sûr pour cet Empire, eſt celui du revenu territorial, quoi qu'il en ſoit des affaires de banques, d'emprunts, travail d'argent & autres beaux projets de votre Adminiſtration des finances. Je me trompe peut-être, mais juſqu'à ce qu'on me démontre le contraire, je ne vois pas que l'Etat eût rien à riſquer ſi ſon territoire étoit, dans toutes ſes parties, couvert autant que poſſible d'abondantes moiſſons; il me ſemble qu'avec cela, & de la liberté, on auroit de l'argent, puiſque c'eſt l'argent qu'on a toujours en vue. Le Roi ſourit à cette réflexion d'Ismin avec l'air de la ſérénité de l'eſpoir qui rentroit dans ſon cœur. Voici un ſoldat, dit Ismin, il faut, pour diſtraire un peu Votre Majeſté, s'entretenir avec cet homme. Vous ne connoiſſez gueres vos ſoldats, Seigneur, que par ce que vous en avez entendu dire, on pourroit bien s'être trompé encore ſur cet article-là. Il ne faut négliger aucune occaſion de cauſer avec les gens eux-mêmes de ce qui les regarde. Je crois avoir remarqué que la vérité ſe trouve toujours près de celui à qui elle a affaire. Notre défaut, en général, n'eſt pas tant de la méconnoître que de chercher preſque toujours où elle n'eſt pas... Oui, les épreuves que nous avons faites juſqu'à préſent, reprend le Prince, me le font aſſez entendre. Les gens les plus ſimples que nous avons rencontrés, en ſçavoient aſſurément plus ſur leurs vrais intérêts que mes Miniſtres, quoiqu'ils ſe chargent trop ſouvent de preſcrire à chacun ce qu'il doit faire pour ſon propre avantage : c'eſt toujours là une des grandes ſollicitudes de mon Adminiſtration : mais joignons notre ſoldat. Je me charge, dit Ismin, d'entrer en converſation.

CHAPITRE XVI.

Converſation du Roi avec le Soldat.

APrès quelques queſtions, auxquelles le ſoldat répondit avec beaucoup de douceur & d'intelligence, le Roi lui demanda depuis quel temps il ſervoit. — Depuis quatorze ans, Monſieur, & j'en ai encore deux à remplir pour finir mon ſecond engagement... Le ſervice vous plaît ? — Aſſez, le métier en lui-même n'a rien de bien fâcheux, je n'en connois même aucun autre qui convienne ſi bien à la premiere jeuneſſe. Naturellement on aime à voir autre choſe que ſon village, & quand on eſt ſous les armes, on ne peut ſe défendre du plaiſir de ſe croire quelque choſe de plus qu'un bourgeois... Vous paroiſſez, dit Iſmin, étonné de la facilité avec laquelle le ſoldat s'exprimoit, avoir reçu une éducation ſupérieure à celle de la plus grande partie de vos camarades. — Il eſt vrai, Monſieur, que j'ai étudié, & aſſez bien : j'ai été, après mes études, Clerc de Procureur, & ſelon les vœux de mon pere qui eſt un bon fermier retiré dans un village ici près, j'allois enfin être Procureur, quand je me ſuis aviſé de penſer qu'il valoit mieux faire la guerre aux ennemis de ſa patrie qu'à ſes propres concitoyens. J'ai donc renoncé à la très-lucrative profeſſion de Procureur pour embraſſer l'infiniment plus honorable profeſſion de ſoldat, & je ne m'en ſuis pas encore repenti un ſeul inſtant, quoique le métier n'ait pas tous les agréments poſſibles, & que l'illuſion qui ſéduit la jeuneſſe au premier aſpect ne dure pas long temps... Pourquoi cela ? Vous tourmente-t-on ? La diſcipline eſt-elle trop fatiguante ? — La diſcipline quelque exacte qu'elle ſoit ne fatigue jamais le ſoldat quand on la ſuppoſe juſte ; ſur cent hommes qui déſertent il n'y en a pas deux qui donnent cette raiſon là de mécontentement. Non, non, Meſſieurs, ce n'eſt pas la diſcipline qui fait déſerter, c'eſt le peu d'opinion qu'on attache à cette profeſſion, le traitement arbitraire, & tout ce qui ſuit de là. On a beau faire, on n'aura jamais de vrais ſoldats qu'en leur inſpirant de leur métier l'idée qu'ils doivent en avoir, & rien n'eſt ſi aiſé que cela quand on a affaire à des ſoldats Lydiens. Il y a, dans notre Nation, un fonds d'honneur qui ſuffiroit à tout ce que l'on eſt en droit d'attendre de nous, ſi l'on daignoit y faire quelque attention. Il faudroit qu'un Roi pût quelquefois entendre cauſer entr'eux de nos vrais ſoldats, il apprendroit là, ſans beaucoup de peine, comment on doit nous conduire... Je ſuis étranger, comme vous le voyez, dit le Prince, je voyage pour m'inſtruire, je deſirerois bien que vous euſſiez la complaiſance de continuer de nous entretenir un peu de votre état, & des moyens que vous croiriez propres à former de bons ſoldats.— Ma foi, Monſieur, je ne pourrois gueres vous dire que quelques réflexions que j'ai faites d'après ma propre expérience, & quelques autres de mes bons & honnêtes camarades. Je penſe que pour avoir de bons ſoldats, il faut les bien choiſir, les conſidérer, & les bien payer : avec ces trois petits principes, il me ſemble qu'il y auroit peu de coup de bâtons à donner, & que les chaînes des déſerteurs auroient beaucoup de places vacantes. Je dis d'abord les bien choisir, c'est là le point important. N'est-il pas honteux de voir nos Régiments composés, pour la plus grande partie, d'hommes presque rejettés des autres classes de la société, ramassés au hasard sur les places & les quais des grandes Villes, souvent même dans les plus mauvais lieux, presque toujours trompés dans l'ivresse, entretenus dans cet état ou enfermés pendant le temps que la Loi leur accorde pour ratifier leur enrôlement, & au sortir de là désolés de se voir surpris. Que peut-on espérer d'hommes ainsi liés contre leur volonté, corrompus souvent par tous les vices qu'entraîne l'oisiveté, énervés par la débauche ? Oui sans doute, c'est pour de tels sujets qu'il faut imaginer des chaînes, des punitions de toute espece, on ne peut les contenir par d'autres moyens que ceux de l'esclavage le plus rigoureux ; vous leur parleriez en vain la langue de l'honneur & du devoir, ils ne l'entendroient pas. La triste habitude que nos Chefs ont de cette vile espece d'hommes indignes en tout du beau nom de soldat, leur a inspiré le préjugé le plus funeste au bien du service. Ils regardent comme impossible d'avoir à commander jamais à des hommes dignes d'être conduits par d'autres principes, & le plus grand de tous les malheurs est que je les vois souvent imputer au métier lui-même les vices du soldat actuel : delà suit nécessairement qu'on regarde la réforme des Troupes comme impossible On devroit cependant observer qu'il est des Corps moins mal composés, & j'ai l'honneur de servir dans un de ceux-là. On y fait attention au choix des hommes, cela se sçait & nous n'en manquons jamais. En vérité on est bien dédommagé de la peine que cause ce soin, par l'agrément de voir tout aller plus sûrement & plus facilement, sans recourir à tant de moyens violents qui fatiguent toujours presqu'autant celui qui commande que celui qui obéit... Mais, répond le Roi, il faut de nombreuses armées, & je doute que pour les completter on pût trouver assez d'hommes de l'espece de ceux que vous proposez & qui vous ressembleroient, ajouta le Prince avec un sourire de bonté. Monsieur, reprit le soldat, après avoir témoigné sa reconnoissance du compliment, il vaudroit infiniment mieux que les armées fussent moins nombreuses & autrement composées ; l'attention sur le choix des hommes feroit renaître la considération due à cet état, les mauvais sujets seroient bientot remplacés par

par quantité d'honnêtes gens qui ferviroient, & que l'ordre préfent éloigne de la profeffion des armes.

Le préjugé du Peuple eft qu'un homme ne s'engage que par étourderie, ou contraint par de mauvaifes affaires, fouvent pour éviter la peine qu'il auroit à craindre dans la fociété; on regarde cet état comme un état forcé, auquel on ne tient que par la crainte du châtiment. On entend tous les jours des peres mécontents de leurs enfants, les menacer de les faire enrôler. Quelle opinion voulez-vous, après cela, que le Peuple ait de la plus noble des profeffions ? L'inconfidération femble la pourfuivre à chaque pas. On interdit l'entrée des Maifons Royales, & de quantités de lieux publics, aux foldats, comme à des hommes flétris qui ne doivent plus jouir même des avantages connus aux autres citoyens. En arrivant en fémeftre, nous éprouvons le défagrément, fi nous appartenons à des gens d'un état honnête, de nous voir prefque méconnus, fous l'habit uniforme, de nos anciens amis, & fouvent même de nos parents. Nous fommes forcés de rougir de porter l'habit qui devroit nous honorer, & nous n'avons rien de plus preffé que de le changer contre un habit bourgeois.

On trouve souvent, j'en conviens, la raison de cettte inconsidération dans la conduite des soldats; mais il faut avouer que la conduite peu honnête de ces mêmes soldats a souvent aussi pour cause cette inconsidération. Un homme qui se voit repoussé, & presque méprisé, perd bientôt l'estime de lui-même. Ce n'est plus alors qu'avec le sabre que nous pouvons inspirer au bourgeois, non de l'estime assurément, mais une sorte de respect de discrétion qui nous sauve, au moins, du grossier mépris. Mais, vous m'avouerez, Messieurs, que c'est un terrible métier à faire que d'avoir toujours le sabre à la main pour s'attirer quelques égards.

Les jeunes gens bien élevés nous fuient; leurs meres craignent que nous ne les mettions en pieces; les peres craignent que nous ne les débauchions: ce n'est donc que dans la classe du peuple le plus abject que nous pouvons recruter. Enfin on nous regarde comme des esclaves, & avec d'autant plus de raison, qu'on en voit très-peu de nous véritablement attachés à leurs drapeaux; la plus grande partie de ceux qui servent le plus long-temps est communément composée de gens qui ne pourroient faire autre chose. Un soldat en sémestre, après avoir inutilement tenté tous les moyens d'escroquer à sa famille l'argent de son congé, paroît ne retourner au Corps qu'avec les sentiments d'un homme que l'on conduiroit, de nouveau, à une chaîne de forçats : on s'ennuie; l'épidémie gagne & corrompt les moins mauvais sujets qui finissent par déserter. Les Villes de guerre frontieres se changent alors en vastes prisons qui paroissent moins établies là pour être gardées par les soldats, que pour les garder. Oui, je dirai toujours qu'avec de l'honneur & de bons traitements, on obtiendroit beaucoup plus de nous, & à moins de frais : nous avons, à l'infini, des traits d'expériences qui prouvent ce que j'avance.

Dans la derniere guerre, par exemple, quelques chefs de notre armée proposerent, pour ménager le sang de nos Compagnies d'élite, d'exposer à une attaque que l'on projettoit, & que l'on croyoit devoir être très-meurtriere, d'exposer, dis-je, à un danger presque certain, les plus vils sujets tirés des chaînes de force & proscrits par les Loix. Qu'arriva-t-il ? Les soldats de ces Compagnies d'élite arrivent, les larmes aux yeux, représenter à leurs Chefs que ce seroit flétrir leur service que de le faire remplir par d'autres qu'eux, & des hommes ſur-tout de l'eſpece propoſée ; que les poſtes les plus dangereux étoient ceux de l'honneur, & non de l'infamie, & qu'ils ſouffriroient plutôt la mort que de reprendre jamais les armes, ſi l'on n'avoit égard à la réclamation qu'ils faiſoient de leurs droits.

Dans cette même guerre la peine la plus cruelle, dont on pouvoit menacer le ſoldat, étoit celle de le condamner à ne pas être embarqué dans le cas d'une deſcente chez l'ennemi. Voilà pourtant dans cette claſſe d'hommes, ſi loin encore de ce qu'elle pourroit être, des traits dont nos Chefs eux-mêmes s'honoreroient. L'honnête ſoldat ſe diſpoſoit, après une légere pauſe, à continuer ſa diſſertation, quand un grand bruit de voix confuſes, qui s'éleva à quelques pas de nos Voyageurs, le força de s'arrêter. (*f*)

CHAPITRE XVII.

On ne voyageoit pas en Lydie comme on vouloit.

TRois hommes vigoureux maltraitoient un malheureux conducteur de charriots qui n'oppoſoit qu'une très-foible réſiſtance, & beaucoup de patience, aux coups dont on le chargeoit. L'ame du ſoldat s'indigna, comme on croit, d'un combat ſi inégal. Avant que le Prince & Ismin euſſent le temps de le conſeiller, il avoit déja mis en fuite les trois attaquants, qui ſe retiroient fort en déſordre, & en le menaçant de le faire pendre. Meſſieurs, leur dit Ismin très-poliment en s'approchant d'eux, il faut avouer que s'il y a quelqu'un à pendre ici, ce ne peut gueres être que vous. Ah, nous vous ferons voir, s'écrierent preſqu'en même temps les trois brigands, ce que c'eſt que d'empêcher les gens du Roi d'exercer leurs fonctions. Ah, Seigneur, dit bas Ismin au Roi, & en ſouriant, ceci regarde Votre Majeſté. Je m'en doutois bien, repond le Monarque, & en élevant la voix, quelles ſont donc, Meſſieurs, les fonctions que le Roi vous a chargés d'exercer ſur les grands chemins, & d'une maniere auſſi violente ? A-t-il jamais exiſté de Roi qui ait pu donner, à qui que ce fût, la commiſſion d'aſſommer ſes Sujets ? Oui, dit un des Commis qui s'énonçoit, comme on va le voir, en phraſes très-longues, nous ſommes chargés, de par le Roi, pour le maintien du privilege excluſif des droits des voitures publiques, d'arrêter les charriots dans lesquels nous trouverons des voyageurs, de saisir les chevaux, & de les tenir en fourriere jusqu'à ce que l'amende soit acquittée... Monsieur, reprit alors un des voyageurs du charriot, & que l'on avoit remis à pied au milieu du chemin, vous me permettrez de vous faire remarquer, & sans me compromettre, je vous en supplie, dans votre procès-verbal, que Messieurs vos Chefs devroient bien alors établir des voitures qui ne coûtassent que deux sols par huit ou dix parasanges, car autrement c'est violer le droit naturel, que d'obliger des malheureux à prendre des voitures très-cheres, ou à se traîner à pied, au risque de mourir de fatigue sur les chemins, si.... Finissez, mon ami, avec votre droit naturel, dit un des Commis, car je pourrois bien... Taisez-vous aussi, mon cher, repart le Soldat au Commis, en reportant la main sur son terrible sabre... Le Conducteur du charriot avoit profité de la dissertation pour s'éloigner. Les Commis retournerent sur leurs pas, vers le village d'où ils étoient sortis, pour exercer leurs redoutables fonctions, en menaçant le Roi, Ismin, le soldat, & la terre entiere, de leur procès-verbal; menaces auxquelles le soldat répondit par un quolibet vigoureux. .. Il faut avouer, Messieurs, dit-il en se retournant vers les deux illustres Voyageurs, que sous le nom du Roi, il se commet journellement d'étranges vexations. Avec quatre cents mille francs, plus ou moins, peu importe, une compagnie de fripons, achete le droit de faire aller à pied tous ceux qui n'ont ni la volonté, ni les moyens de se servir de leurs voitures. Assurément le Roi n'imagine pas toutes les suites d'un tel privilege, quand M. le Contrôleur-Général des Finances le lui apporte à signer. Je crois comme vous, répond le Prince, que le Roi est très-loin de s'en douter. Je donnerois tout à l'heure le peu que je possede, reprit le bon soldat, pour qu'il pût être instruit de ce qui vient d'arriver, & de tout ce qui arrive dans ce genre-là. Je sçais qu'il est bon, & qu'il seroit indigné de voir qu'on abuse de son nom pour empêcher des malheureux de profiter des petits secours qui sont à leur portée, & qui, au fait, comme le disoit tout à l'heure ce Monsieur qu'on a mis à pied, sont de droit naturel, qui, si je me souviens de mes études, est un droit sacré que le Roi lui-même n'a pas celui de violer. Je le crois bien établi, au contraire, pour le protéger. ... Mais, quoique je me trouve fort honoré de votre compagnie, Meſſieurs, voilà l'inſtant où il faut que je m'en ſépare ; j'apperçois l'avenue qui conduit à mon Village. Votre nom, lui dit le Prince ; un haſard heureux peut faire naître pour moi l'occaſion de vous retrouver. Le ſoldat donna ſon nom, & s'élança, d'un ſaut, dans le ſentier chéri qui conduiſoit au hameau.

CHAPITRE XVIII.

Obſervations d'Iſmin ſur la Nobleſſe. Rencontre de deux Nobles.

J'Eſpere bien, dit le Monarque, communiquer à mon Secrétaire d'Etat au Département de la Guerre, quelques-unes des obſervations de mon brave ſoldat ; nous nous amuſerons à revoir les Ordonnances, & je le prierai de s'occuper des moyens de donner aux Troupes un peu plus de conſidération & d'argent, ſi cela eſt poſſible. Il y a bien long-temps que je crois, reprend Iſmin, qu'il en doit être du métier de ſoldat, comme de tous les métiers poſſibles, que l'on fait très-mal quand on les fait malgré ſoi. En tout, c'eſt un terrible préjugé que celui d'imaginer que les hommes doivent toujours être conduits par la violence. Que de peines de moins, ſi ceux qui les gouvernent vouloient bien compter leur intérêt pour quelque choſe ? Dans le temps où Votre Majeſté a déclaré, de ſa pleine Puiſſance & autorité Royale, que les Nobles ſeuls pourroient être admis comme Officiers dans ſes Armées, il auroit été, je crois, fort à propos de ſaiſir cette occaſion de donner un peu plus de conſidération au métier de ſoldat. Car, combien de jeunes gens aiſés & bien élevés à qui, par le fait, toute entrée au Service eſt abſolument fermée ? Je n'examinerai pas, avec Votre Majeſté, ſi cette Ordonnance en faveur des Nobles étoit bien honnête pour le reſte & la plus grande partie de la Nation qui, certes, a toujours tout auſſi bien ſervi que ſa Nobleſſe, y compris même celle des Échevinages des Villes & des Secrétaires du Roi, je me bornerai à repréſenter qu'on doit, ce me ſemble, quand on ferme un chemin en faveur de quelques privilégiés, ſe hâter d'en ouvrir un autre à côté pour le plus grand nombre. Que de braves & de grands hommes dans vos Armées qui n'étoient pas nés hauts & puiſſants Seigneurs, & qui cependant ſont réellement devenus tels ? Mais, répond le Roi, à qui les Nobles qui ſeuls avoient le privilege de l'aborder, avoient toujours dit qu'ils étoient eux ſeuls l'appui de ſon Trône, la Nobleſſe qui eſt très-nombreuſe n'a de carriere ouverte que celle des armes. Et pourquoi, Seigneur, veut-elle s'obſtiner à ne faire jamais d'autre métier que celui de battre & d'être battue ? Je crois qu'elle arrivera bientôt au point d'exiger que l'on faſſe une guerre tout exprès pour l'occuper, & lui donner de quoi vivre. Les Nobles ont verſé leur ſang pour la Patrie, & méritent des égards, j'en conviens ; mais le Peuple en a bien fait autant, il me ſemble que c'eſt lui qui compoſe la plus grande partie de vos Armées ; & que vos ſoldats d'élite, ſans avoir l'honneur d'être Gentilshommes, ſe dévouent d'aſſez bonne grace à la mort, & ſans tant ſe faire valoir. Quant à ce que la Nobleſſe regarde le Service comme ſon ſeul débouché, vous me permettrez de faire obſerver à Votre Majeſté que la Nobleſſe s'eſt emparée de tout ce qu'il y a de mieux à peu près, & dans tous les ordres. Vos Tribunaux Supérieurs ne ſont compoſés que de Nobles, à leur maniere, (car les Nobles d'épées ſe croient d'une caſte ſupérieure.) Les premieres places auprès des Autels ſont attribuées aux

Nobles, & si constamment, qu'ils les regardent comme leur patrimoine ; ils murmureroient, d'une extrêmité de l'Empire à l'autre, si jamais Votre Majesté donnoit fréquemment ces places au mérite non titré... Dira-t-on, après avoir fait entendre qu'ils se battoient mieux que des bourgeois, qu'ils jugent mieux, qu'enfin ils prient mieux les grands Dieux, & que pour être petits-fils, ou arriere-petits-fils de n'importe qui, ils sont doués, en naissant, d'héroïsme, de science & de sainteté ? Pourquoi faut-il qu'un *Epis copos* soit toujours Gentilhomme, & qu'un roturier ne puisse être jamais qu'un simple *Presbus* ? Tout l'avantage que je leur ferois, seroit, à mérite égal, de leur donner le pas, c'est-là le seul moyen d'exciter l'émulation dans tous les Ordres de l'Etat. Quand les Nobles verront qu'il ne suffira pas de rapporter les contrats de mariages de Messires leurs peres & de Damoiselles leurs meres, mais qu'il faudra faire des preuves personnelles d'aptitude & de mérite pour les places auxquelles ils se destinent, ils se croiront obligés de travailler à mériter, & ils mériteront. Les roturiers qui sçauront que tous les chemins leur sont ouverts, travailleront de leur côté à l'emporter sur les Nobles ; delà concours, émulation d'études, d'honneur, dans tous les genres, & cela eſt bien quelque choſe.

J'avoue, Seigneur, quoique j'aie, tout comme un autre, l'honneur d'être Gentilhomme, que je ne vois rien à répondre aux principes que je viens d'établir... Mais que faites vous, reprend le Roi, de l'hérédité du nom qui eſt, comme la fortune, le patrimoine du fils ? — Il me ſemble, Seigneur, que cela ne doit pas ſe confondre dans un même genre de propriété. Si nous voulons oublier, pour un moment, ces ridicules inſtitutions des temps de barbarie & de déſordres, nous pourrons voir que la gloire attachée à un nom ne ſçauroit jamais être que perſonnelle, & qu'après la mort de celui qui a mérité, la Nation retire ſon hommage pour le reporter ſur la tête de celui qui méritera. La gloire, en un mot, eſt un bien public, inaliénable, & accordé à vie ſeulement; nul ne peut tranſmettre, à titre de propriété, un bien dont il n'a que l'uſufruit.

Mais voilà qui eſt abominable, mon cher Baron !.. A cette exclamation, le Prince & Iſmin tournerent la tête, & virent derriere eux deux hommes qui les ſuivoient, montés ſur de mauvais chevaux, & dans l'équipage le plus miſérable... C'eſt un ſingulier haſard, dit Ismin, que celui qui nous fait rencontrer deux Gentilshommes en parlant de la Nobleſſe; car aſſurément ces Meſſieurs, à en juger par la fierté de leur maintien, ſont, au moins, d'auſſi bonne Maiſon que Votre Majeſté. Il ne ſera pas facile de cauſer avec eux, à moins qu'ils ne daignent nous faire cette grace, en qualité d'étrangers. Suivons-les en attendant, & écoutons. Bientôt quelques queſtions adroites d'Ismin amenerent la converſation. Vous n'avez donc rien pu obtenir pour votre Chevalier, mon cher Baron, dit l'un des deux? Non, Vicomte, répond le triſte Baron. Que voulez-vous? des parvenus, des hommes nouveaux, prennent toutes les Places, & voilà huit cents ans, tout à l'heure, que la fortune & les hommes traitent ma maiſon avec la même rigueur... Meſſieurs, dit Ismin, qui déjà n'y pouvoit plus tenir, la Nobleſſe travaille, en Perſe, & ne s'en trouve pas plus mal, du côté même de la conſidération... Monſieur, répond d'un air dignement irrité le triſte & maigre Baron, tout le monde ſçait à quoi s'en tenir ſur l'opinion qu'on doit avoir de la Nobleſſe de Perſe... Ma foi, Monſieur, elle ſe bat tout auſſi bien que tous les autres Nobles du monde, & quand ce métier ne lui rapporte rien, elle en prend un autre : elle ne se plaint de personne, & personne ne se plaint d'elle. Elle supporte, comme tous les autres Ordres des Citoyens, les Charges publiques, & n'a de prétentions qu'à ce qu'elle croit mériter ; aussi n'excite elle pas d'autre sentiment que celui de l'émulation sans envie.

Je ne sçais comment cela s'arrange en Perse, qui paroît être la Patrie de ces Messieurs, dit le Vicomte, qui jusques-là avoit très-impatiemment gardé le silence le plus profond, mais ici la Noblesse jouit & doit jouir des privileges qu'elle a mérités. Si l'Etat ne veut plus en tenir compte, j'avoue franchement que dès ce moment il me paroît dans le plus grand danger. Que deviendront le Roi & la Nation, si les Nobles, dégoûtés, découragés, refusent de servir ? Je crois, Monsieur, reprend Ismin, que le Roi trouvera des roturiers capables de conduire ses armées... Tout en causant ainsi, ils arriverent à une chaumiere que le triste Baron appelloit son château, misérable donjon d'où le Seigneur suzerain ne descendoit, pressé par la faim, que pour exercer sur les champs, & les personnes de ses malheureux vassaux, tous les droits attribués à ses hautes prérogatives, & que la misere ne lui permettoit pas ſouvent de reſſerrer dans les bornes convenues... Le Baron ſiffla : à ce ſignal parurent trois grands & vigoureux payſans, aſſez mal tournés d'ailleurs, l'air niais, les cheveux mal attachés, dont l'un, dénommé le Chevalier, tira la très-foible haquenée du Baron, ſon pere, vers un coin de la chaumiere... Il eſt bien étonnant, dit Ismin au Roi, après qu'ils eurent pris congé de cette illuſtre race, que trois Seigneurs, de la taille & de la vigueur des fils de M. le Baron, ne trouvent pas quelque moyen de s'occuper. Ces Nobles, pour la plupart, me paroiſſent aſſez reſſembler à des oiſeaux de proie que l'on entretiendroit, tout exprès, dans de vieilles maſures pour ravager les campagnes d'alentour... Le Roi, quoiqu'il aimât infiniment ſa Nobleſſe, ne put s'empêcher de rire de la comparaiſon ; Ismin qui ſe ſentoit en verve, alloit continuer ſur le même ton, quand il fut interrompu par la voix ſuppliante d'un mendiant, dont l'air peu aſſuré intéreſſa nos Voyageurs, & leur donna raiſon de croire qu'il n'avoit pas une longue habitude du métier. (g)

CHAPITRE XIX.

Le Mari mendiant. Il conte son histoire au Roi, & ce qui en est arrivé.

IGnorez-vous, mon ami, lui dit Ismin qui vouloit l'engager à parler, qu'il est défendu de mendier ? Hélas, Monsieur, répond le pauvre homme, on m'a très-charitablement averti de cette défense, en m'ouvrant les portes de la prison d'où je sors, mais sans ajouter un sol à l'avis, ce qui fait que je meurs de faim. Quelque bonne envie que j'aie d'obéir aux Loix, & quelque honte que je ressente de ma situation, il m'est impossible, d'ici à ce que je gagne la Ville la plus prochaine, de ne pas solliciter quelques secours. Il les avoit déja reçus, quand le Prince reprit ainsi... Mais pourquoi étiez-vous en prison ? Pourquoi êtes-vous réduit à ce triste état ? — Pourquoi ? Ah, Messieurs, je vais vous conter une étrange histoire; vous n'aurez après, je crois, aucun regret d'une aumône que vous pourriez croire mal placée. Je vivois à Sardes, j'étois un honnête Artisan, fort occupé & jouissant d'un d'un état tranquille ſelon la meſure de mon travail ; (ici l'homme s'interrompit par des ſanglots , eſſuya ſes larmes & continua) je n'avois rien à deſirer , & j'eſpérois que mon bonheur ne changeroit jamais , quand je crus m'appercevoir que ma femme , qui étoit jeune & très-jolie , loin d'avoir les mêmes égards pour moi , me traitoit avec dureté & mépris. Je remarquai qu'elle n'avoit plus, de ſon ménage , le ſoin accoutumé ; qu'elle ne parloit plus que d'habillements nouveaux , de parties de plaiſirs , de fêtes , de ſpectacles. (Pardon, Meſſieurs , de tous ces détails , mais je ſuis bien aiſe de vous faire remarquer , en paſſant , comment , de proche en proche , tout ſe corrompt dans ces grandes Villes.) Elle paroiſſoit ſouvent me reprocher de n'être pas plus riche, & ſe plaindre amérement de n'être pas mieux établie. La tête lui tournoit , au point de me ſçavoir très-mauvais gré de ne pas quitter mon travail pour aller de mon côté à la comédie ; & ſouvent il lui arrivoit d'entrer en colere quand , pour me mettre au ton de ſes compagnies , je voulois parler de ſpectacles , (car j'avoue qu'alors je confondois tout.) Elle & toute ſa ſuite penſerent un jour m'étrangler pour avoir dit que Jeannot avoit joué à merveille le rôle d'Achille dans Iphigénie... J'ai appris depuis qu'en effet j'avois dit une sottise, mais enfin ce n'étoit pas une faute, & je ne parlois de tout cela que par complaisance. Je pris le parti de ne plus rien dire, de dévorer mon chagrin sans répondre, dans l'espérance que toutes ces folies-là passeroient, que ma femme reviendroit à la simplicité de son état, & à une conduite plus raisonnable; mais je m'étois cruellement trompé. Je vis bientôt, & à n'en plus douter, qu'une intrigue étoit la source de tous les désordres de ma femme : de vous dire comment, c'est inutile. Je la surpris un jour dans la compagnie d'un riche marchand, notre voisin, & sur lequel j'avois depuis long-temps de violents soupçons... Je confesse que je ne pus me défendre d'un peu d'humeur; je maltraitai le Négociant, & ma moitié que je ramenai chez moi sans autre bruit. J'étois disposé à lui pardonner, pourvu que de son côté elle voulût bien s'en tenir à ce qui venoit de se passer. J'eus pendant quelque temps lieu de m'applaudir de la leçon. Ma femme paroissoit ne plus songer à rien & reprendre le soin de son ménage, je doublois de soins & d'attentions, & comme je suis bon homme, au fond, quoiqu'un peu vif, j'en étois venu à lui demander pardon de mon petit emportement. Mais, hélas, que j'étois loin de prévoir ce qui devoit m'arriver !

Un ſoir en rentrant chez moi, je fus arrêté par trois hommes qui, ſans me dire un mot, me conduiſirent à une priſon où je ſuis reſté ſix mois. J'eus beau demander aux conducteurs & aux gardes de la priſon la raiſon de ce traitement, je n'en reçus d'autre réponſe, ſinon qu'on n'avoit pas de compte à me rendre, & que j'euſſe à me mêler de mes affaires : jamais pourtant je n'aurois cru, en faiſant ces queſtions, pouvoir être accuſé de me mêler des affaires d'autrui. Quelque temps s'étoit écoulé ſans que je puſſe en ſçavoir davantage, quand une lettre qu'on me fit paſſer, je ne ſçais comment, m'apprit que j'étois enfermé à la requête de gens qui protégoient ma pauvre femme contre mes mauvais traitements ; que j'étois convaincu d'être un mari très-dérangé & très-violent ; on finiſſoit par me dire que ma boutique étc . vendue, & tout cela avec des formalités que je ne me rappelle pas ; que ma femme s'étoit retirée dans un quartier très-éloigné de celui que nous habitions, pour ſe ſouſtraire à mes recherches dans le cas où je ſortirois de priſon : ce *dans le cas où je ſorti-*

tois de prison me fit frémir. . . Après avoir bien pleuré & maudit une si abominable perfidie, je finis, comme je crois qu'on finit toujours, par me résigner avec patience à la nécessité. Au bout de six mois de captivité, on m'annonce que j'étois libre, mais on m'avertit bien, en même temps, de ne songer à faire aucune démarche pour retrouver ma femme; on me donna le conseil d'aller m'établir en Province, & de mieux me comporter à l'avenir. Je promis tout ce qu'on voulut, quoique la rage dans le cœur, & bien déterminé à faire tout le contraire. A peine sorti de prison, j'allai retrouver quelques anciennes connoissances qui voulurent bien se lamenter avec moi sur ma triste aventure, mais qui me conseillerent de renoncer à tous mes petits projets de rancune. J'appris alors ce dont je me doutois, que ce tour m'avoit été joué par le Marchand. Or celui ci avoit un Commis dont la cousine vivoit avec le Secrétaire d'une *Puissance* : la lettre de cachet m'étoit arrivée, en descendant de la Puissance au Secrétaire, du Secrétaire à la cousine, & de la cousine au Commis, enfin au Marchand qui n'avoit pas perdu de temps pour la faire mettre à exécution. Du moment où j'eus fait cette belle découverte-là, je dis hautement & sottement que j'allois demander justice; je me flattois de l'obtenir quand, un jour où toutes mes espérances avoient l'air de se réaliser, je fus pris au corps & conduit à la même prison par les trois mêmes Messieurs qui m'avoient arrêté la premiere fois, & qui eurent la bonté de me dire que j'étois incorrigible. Comme j'avois l'expérience de leurs manieres, je ne fis point, cette fois, de question de pure curiosité, pour ne pas m'attirer la réponse que j'eusse à me mêler de mes affaires. On me remit dans le trou que j'avois occupé, destiné probablement aux maris dont on veut faire l'éducation. J'y restai un an sans mot dire, & sans essayer de faire passer aucune plainte aux dehors. Au bout de l'année, comme on me crut probablement plus raisonnable, on me rendit ma liberté en me faisant dire, de je ne sçais quelle part, qu'on m'avoit tenu charitablement enfermé six mois de plus la seconde fois, pour me donner le temps de faire de sages réflexions. On ne s'étoit pas trompé, & celles que j'avois faites m'avoient amené au point de ne plus songer à demander justice à si haute voix.

Il y a trois jours, Messieurs, que je suis sorti de la prison, d'où, selon l'usage, j'ai été congédié sans le plus foible secours. Je vais à la Ville prochaine, où j'espere m'occuper & vivre de mon travail jusqu'au temps où le Roi reviendra de ses voyages, car c'est bien à lui que je conte m'adresser pour demander justice. Sûrement il vous la rendra, reprit vivement le Prince indigné du récit de l'histoire qu'il avoit daigné écouter avec la plus grande attention, quelque minutieuse qu'elle puisse paroître au lecteur... Oui, continue l'infortuné mari, je me jetterai aux pieds de mon Roi dans la confiance qu'il voudra bien abaisser ses regards sur moi, car les bons Rois sont comme les Dieux, rien ne leur paroît vil & abject, si ce n'est le crime & l'injustice; tous leurs sujets sont égaux à leurs yeux, & quelle que soit leur condition, ils ne rejettent pas leurs plaintes... Allez, mon ami, lui dit le Monarque, quoique je vous paroisse être un étranger, croyez-moi quand je vous assure que vous avez une juste idée de votre Prince; je sçais qu'il doit bientôt rentrer dans ses Etats, ne manquez pas de vous offrir sur son passage. Peut-être même le trouverez-vous déjà instruit de votre affaire, car je sçais qu'il a d'étonnants moyens de s'informer de tout... Dieu le veuille, répond l'homme qui s'éloigna en comblant de bénédictions le consolant Voyageur. Le Prince s'entretint long-temps avec Ismin des inconvénients d'ordres ainsi surpris à l'autorité ; bientôt ils sont avertis, par un Commis, qu'ils touchent aux barrieres de la Ville où ils avoient formé le projet de s'arrêter.

L'Auteur ajoute, à la fin de ce Chapitre, que le Mari mendiant ne manqua pas de porter sa plainte au Roi qui exerça la plus exacte justice sur tous les personnages de cette histoire, après en avoir fait constater les faits qui se trouverent tels qu'ils étoient détaillés dans la plainte. La *Puissance* perdit sa faveur, & fut condamnée a de très-gros dommages & intérêts, pour avoir donné un ordre contre la liberté d'un citoyen sans examen. Les deux Dames furent enfermées, l'une pour sa vie, l'autre pour un temps limité ; le Secrétaire & le Commis furent condamnés à une longue prison : le Marchand, auteur de tout ce désordre, fut envoyé à perpétuité aux galeres de Lydie. On assure que ce dénouement rendit les Puissances plus circonspectes, leurs Secrétaires moins dangereux, les Dames plus scrupuleuses, leurs amants moins entreprenants, les Commis plus indifférents aux histoires galantes de leurs maîtres, & sur-tout leurs cousines moins officieuſes ; car le bon & digne Prince éclairé par cette aventure, & par beaucoup d'autres que celle-là, fit éclater, jura qu'il rendroit ainſi reſponſables des ſuites, & en leurs propres perſonnes, ceux qui demanderoient & accorderoient de tels ordres. Il ſe faiſoit repréſenter chaque mois un état très-détaillé de tous les priſonniers arrêtés par d'autres voies que celles de la juſtice ordinaire, des cauſes de leur détention, du temps de leur captivité, de leurs moyens de défenſe, & la plus petite fourberie, dans un genre ſi important, auroit été ſévérement punie ; telles furent les précautions que prit cet excellent Prince pour aſſurer la liberté du foible contre la violence & l'injuſtice, juſqu'au temps où l'adminiſtration de la juſtice ſe fût aſſez perfectionnée pour pouvoir être ſeule chargée de tout exercice d'autorité dans ce genre. Tout le monde, comme il eſt aiſé de l'imaginer, fut très-content de ce nouvel arrangemement, excepté quelques Auteurs qui, n'ayant plus de diatribes à faire contre les lettres de cachet, retomberent dans l'oubli le plus profond, & qui ſe plaignirent conſéquemment d'une diminution très-conſidérable dans leurs revenus.

CHAPITRE XX.

Manufactures. Ce qu'il convient à un Roi de Lydie d'en penser.

LA population de la Ville immenſe où le Roi ſe propoſoit de s'arrêter, vivoit du travail des Manufactures. Le Prince ſe rappelloit que ſes Miniſtres & ſon Conſeil avoient fait ſouvent l'éloge de cette branche d'induſtrie qu'ils regardoient, de tous les temps, comme une des plus ſolides baſes de l'opulence de la Nation. Il ſe rappelloit encore que les plus grands génies de ſon Adminiſtration avoient toujours été d'avis de tenir les productions de la terre à bas prix pour faire proſpérer les Manufactures. Le Monarque, dont l'eſprit naturellement juſte s'étoit infiniment formé par tout ce qu'il avoit été à portée de voir lui-même & de comparer, réſolut d'examiner avec la plus grande attention tous les rapports de cette eſpece d'induſtrie. Sous l'habit & le nom de Négociant Perſe, il éprouva quelques difficultés pour entrer dans les Manufactures, mais elles furent bientôt levées avec un peu d'argent, car toutes ces défenses & ces recommandations de secret ne sont que des moyens de faire soudoyer, par des étrangers, les malheureux qui gardent les portes pour se dispenser de les payer. Le Roi pénétra donc, avec Ismin, dans la Manufacture la plus nombreuse & la plus brillante. Quel fut son étonnement après avoir fait quelques pas, de rencontrer ce même raisonneur qui l'avoit si cruellement contraint de changer d'opinion sur les avantages du trafic maritime. — Ah, Monsieur, quel plaisir pour moi de vous retrouver, s'écria le Prince... Après une réponse à ce compliment, voici encore de l'opulence, reprit malignement l'inconnu... On le croiroit, répart le Roi, mais vous m'avez appris à ne pas juger si légérement sur les apparences. — Ah, Monsieur, pour cette fois, reprend Ismin qui vouloit exciter le raisonneur, vous serez forcé de convenir qu'ici les apparences sont parfaitement d'accord avec la vérité, & que de telles Manufactures entretenues & soutenues par une si ingénieuse industrie sont du plus grand avantage pour la Nation, & l'emportent de beaucoup sur les profits de l'agriculture... Et vous croyez cela, Monsieur? — Assurément, soutient toujours Ismin... Je ne puis, en conscience, me dispenser de combattre cette opinion, & je vais vous prouver, au contraire, ajoute le raisonneur en s'échauffant, que ces mêmes Manufactures, quand on les soutient aux dépens de l'agriculture, sont pour la Nation une cause très-prochaine de misere & de ruine. Je ne sçais, Monsieur, si vous aurez la bonté de vous rappeller que j'ai eu l'honneur de vous démontrer, il y a quelque temps, que les richesses des Trafiquants n'étoient pas les richesses de la Nation. Cette vérité doit revenir ici pour bien vous convaincre que tout ce que vous voyez n'est pas profit.

Cette étoffe d'or ou d'argent, quelque considérable que paroisse le prix auquel on l'achete, au delà du prix de la matiere dont elle est formée, ne rend cependant, au delà de cette valeur, qu'un produit très-médiocre, si l'on veut bien tenir un compte exact des frais qu'elle a coûtés. Il faut encore faire entrer dans ce produit, que l'on croit tout bénéfice, une petite compensation des pertes faites sur les étoffes qu'on ne vend pas : car tous les achats de ce genre ne sont fondés que sur des caprices & des fantaisies ; un autre goût, un autre caprice, vous ruine infailliblement l'Entrepreneur & la Manufacture. Il suffit d'un deuil ici, dans certains moments, pour nécessiter d'énormes banqueroutes en trompant toutes les espérances du travail d'une année ; les ouvriers demeurent sans emplois dans ces cruels moments, & ce spectacle si brillant d'opulence factice fait bientôt place alors à celui de la plus affreuse misere : la Ville retentit des clameurs d'un peuple affamé dont l'industrie éteinte, sur des chiffons d'or & d'argent sans valeur, n'a pas les moyens d'acheter le pain du jour. Et c'est alors qu'il faut voir se démener le Satrape de cette Province, pour forcer l'utile laboureur à apporter des grains à vil prix à cette malheureuse multitude.

Ces prétendus avantages du trafic éloigné & des Manufactures, auxquels on sacrifie avec si peu de ménagement l'agriculture, tiennent au même principe d'erreur & de dévastation. On a toujours confondu les frais avec le profit, vous m'avouerez que l'Administration ne devoit pas prospérer avec cette maniere de compter, & c'est ce qui est arrivé. Je ne connois qu'une Manufacture qui rapporte, au delà de ses frais, un profit sûr, immense, indépendant des fantaisies & des deuils ; l'agriculture. Quoi que puiſſent en dire les plaiſants & autres gens, auſſi profonds qu'aimables, de la Cour & de la Ville, tous ces attéliers de luxe ſont loin de paroître des richeſſes aux yeux de tout homme ſenſé qui veut bien prendre la peine d'y regarder de près.

Vous voudriez donc, Monſieur, dit le Prince, détruire les Manufactures, ſi vous aviez quelque influence ſur le Conſeil du Souverain? — Non, Monſieur, je ne ferois rien de cela, par la raiſon d'abord que perſonne n'a le droit d'empêcher qui que ce ſoit d'exercer ſon induſtrie comme bon lui ſemble; mais je ne donnerois point de privileges excluſifs; les titres des Manufactures Royales ſeroient ſupprimés, & je ne contraindrois pas le cultivateur de vendre ſes denrées au prix que lui fixeroit le Manufacturier Du reſte, celui qui trouveroit ſon compte à faire de la porcelaine, ou à fabriquer des étoffes de ſoie, d'or & d'argent, en ſeroit bien le maître. Ainſi les Manufactures ſe rangeroient d'elles-mêmes à leur vraie place, ſans que l'Adminiſtration eût affaire de rien commander ou défendre.

Tenez, Meſſieurs, je me trompe fort ſi, dans ce moment même, l'Entrepreneur que vous voyez là-bas n'a pas reçu quelque nouvelle fâcheuſe : je lui vois un air de triſteſſe qui sûrement ne peut avoir pour cauſe qu'une banqueroute ou un deuil. Ces Meſſieurs des Manufactures ſont d'une ſenſibilité extrême, & prennent, dans certaines ſaiſons, le plus grand intérêt à la ſanté de tous les Princes du monde... Approchons ; ils apppriren, en effet, la nouvelle de la mort d'un petit Prince Egyptien qui mettoit en deuil pour ſix ſemaines la moitié de l'Aſie. Nous voilà ruinés, diſoit l'Entrepreneur à un de ſes Aſſociés... Ciel, quel coup ! Et dans le ſeul moment où nous pouvions eſpérer une vente favorable... Des étoffes charmantes & d'un goût exquis... L'Aſſocié répondoit par d'auſſi triſtes lamentations. Bientôt les plus cruelles inquiétudes ſe répandirent, en même temps que la nouvelle, dans les attéliers, dont on diminua, dans cet inſtant même, les malheureux ouvriers ; & le Roi ſortit plus que perſuadé, qu'il falloit, pour ſoutenir un grand Empire, d'autres ſources de richeſſes que celles qui dépendoient de la mort d'un petit Egyptien. (*h*)

CHAPITRE XXI.

Administration de la Justice.

COmment vont vos affaires ? C'étoit une question adressée derriere le Prince à un homme qui répondit... On ne peut plus mal : Je suis ruiné pour avoir eu raison. . . Bon, dit Ismin, voici encore quelque chose à apprendre : les deux Voyageurs s'approcherent & entendirent ce qui suit... Comment ruiné. . ? Oui, reprit le premier interlocuteur, j'ai gagné mon procès avec dépens, dommages & intérêts, & je suis ruiné... Vous sçavez que ma partie avoit appellé à la Cour Supérieure, dont le Tribunal est établi dans la Capitale, à cent & tant de lieues d'ici ; j'ai donc été obligé de faire ce petit voyage pour suivre mon procès, & d'abandonner toutes mes autres affaires. Je pensois que cela seroit bientôt jugé, car il n'y avoit rien de si clair, mais je me trompois. Arrivé dans la Capitale, je suis tombé dans les mains des Procureurs & des Avocats qui, quoi qu'il en soit de leurs nobles fonctions, ne vont pas toujours droit au fait. Il s'est donc élevé un combat à outrance entre mes Avocats & Procureurs, & ceux de ma partie adverse, le tout à nos dépens; ma partie enfin a succombé, après six mois de guerre, pour un fait qu'un quart d'heure de bonne foi auroit décidé, & elle a été condamnée Après avoir fait mon compte, j'ai trouvé qu'il m'en coûtoit le double de la valeur du procès, & me voilà revenu, bien disposé à céder ma *chlamyde* à l'homme qui me la demanderoit, plutôt que de la défendre par voies judiciaires... Pardon, Monsieur, si je vous interromps, dit Ismin, mais vous êtes donc obligé d'aller plaider à cent lieues de chez vous?—Oui, Monsieur, & comme vous venez de l'entendre probablement, je ne vous répéterai pas que les deux parties sont à peu près assurées de revenir bien ruinées; car je ne finirois pas, s'il falloit détailler tout ce que l'on est obligé de donner depuis le Clerc jusqu'au Secrétaire de M. le Rapporteur, & les frais du voyage dans un maudit pays où tout se vend, jusqu'à l'air.

Cette justice-là, dit Ismin au Roi, coûte beaucoup, ce me semble, pour l'aller chercher; cela, je crois, doit achever de décider Votre Majesté à diminuer l'étendue des ressorts de vos Cours Souveraines... Il seroit bien important

portant encore de travailler à diminuer le nombre des Procureurs, & même des Avocats, quelque honneur que ces derniers faſſent à la Nation par leurs ſublimes pieces d'éloquence & leurs beaux mémoires composés pour la plupart des lettres de ménage d'époux qui s'ennuient de vivre enſemble... Je ne puis, reprend le Roi, me défendre d'un profond ſentiment de triſteſſe en arrêtant mes regards ſur ce nombre infini de profeſſions qui ne ſont ſalariées, pour la plupart, que par les erreurs & les vices des Souverains & des Peuples. Soldats, Suppôts de juſtice, Médecins; ne ſeroit-il donc pas permis d'eſpérer qu'avec un peu plus d'inſtruction, de bonne foi & de tempérance, on auroit moins de guerres & de procès à ſoutenir, & moins de maladies à ſupporter. (*i*)

CHAPITRE XXII.

Le Roi assiste à une Séance d'Académie de Province & à une leçon de College.

LE Roi ne voulut pas s'éloigner de cette grande Ville de trafic sans jetter un coup d'œil sur son College & son Académie. Ces derniers établissements s'étoient tellement multipliés en Lydie, qu'il n'étoit pas de petite Ville qui n'eût sa Société de Lettrés, qui embrassoit l'étude de toutes les connoissances humaines. Parmi les nombreux inconvénients qui suivoient nécessairement ces beaux établissements, on pouvoit compter celui de détourner de leurs véritables professions d'honnêtes Citoyens qui, pour la vaine gloire de se voir célébrés dans les affiches de leurs Provinces, négligeoient leur état & leurs familles. Le Roi avoit déjà été témoin d'une querelle, à cette occasion, entre une femme & son époux Académicien. La femme reprochoit au mari d'avoir dépensé la moitié de sa dot à brûler du charbon pour décomposer des métaux & faire des expériences qui avoient pensé brûler & infecter la Ville.

L'époux, non moins ſage que le fut depuis Socrate en face de la furieuſe Xantippe, calculoit, pendant ce temps, ce que le ſang accéléré par une paſſion vive, telle que la colere, pouvoit donner de reſſort & de tenſion aux muſcles d'une Dame. L'Anti-Académicienne laſſée de ne pas recevoir d'injures en échange de celles qu'elle prodiguoit, joignit bientôt les geſtes aux paroles, & força alors le paiſible Philoſophe de ceſſer ſes obſervations. Cette ſcene avoit fourni au Prince quelques réflexions qui l'engagerent à demander, comme étranger, la permiſſion d'aſſiſter à une ſéance d'Académie. On l'admit avec ſon confident. Il entendit d'abord une très-longue, mais très-belle & très-ſçavante diſſertation ſur un objet fort important, & que voici : il s'agiſſoit de filer la toile d'araignée. Le ſçavant, après avoir employé une heure à démontrer la choſe poſſible, tira de ſa poche une paire de gants tiſſus de cette toile, ce qu'il auroit dû faire avant la diſſertation, comme l'obſerva très-bien Iſmin. On ſe promit les plus grands ſuccès de cette nouvelle branche d'induſtrie qui devoit enrichir la Province & la Nation, dès le moment où les Dames auroient vaincu leur répugnance pour les araignées. On ne voyoit que cette difficulté qui pût empêcher, dès cet instant même, l'établissement de ces nouvelles Manufactures.

Peu de temps après, un autre Sçavant indiqua une maniere, aussi sûre que commode, de descendre dans l'intérieur des volcans pour en examiner le travail, & finit par proposer au Secrétaire perpétuel de l'Académie de l'accompagner pour faire son rapport de cette expérience à la Compagnie, ce que le Secrétaire, pour ne point perdre sa qualité de perpétuel, ne jugea pas à propos de risquer. On s'arrêta fort peu à l'examen du projet d'un Citoyen qui n'avoit pas l'honneur d'être membre d'aucune Académie, & qui proposoit d'ouvrir un canal pour féconder la Province : le projet parut trop simple & ne passa point. Enfin la Littérature eut son tour après les hautes Sciences ; elle vint délasser les esprits fatigués de l'attention qu'avoient exigée de plus importantes lectures. Un Poëte se leva & lut une Piece de Vers, dans lesquels il disoit, en style très-figuré, qu'il voudroit être le *zéphir* pour caresser une Dame de la Ville qu'il comparoit à une *fleur*, ce qui devoit être charmant dans ce temps-là, parce que cela étoit très-neuf. Aussi applaudit-on beaucoup, & tout le monde se retira très-satisfait, excepté le mari de la

Dame qui, disoit-on, très-peu sensible aux charmes de la poésie & assez violent de sa nature, pourroit bien assommer l'Académicien *zéphir*, & faire enfermer la *fleur* Dame son épouse.

Ces gens-ci ont infiniment d'esprit, dit T· min, mais je jure bien que si j'étois à la place de Votre Majesté, je n'accorderois plus de Lettres-Patentes pour ces sçavantes Compagnies. Il seroit, sans doute, plus avantageux de voir les illustres Membres qui les composent s'occuper tout bonnement de leurs affaires, au lieu de s'amuser à faire des gants de toile d'araignée, & des Vers si subtils... Allons visiter le College, dit le Prince. Le voilà, Messieurs, répond un homme obligeant qui passoit. Comment, reprend le Roi, mais cette maison a plus l'air d'une prison que d'une maison d'éducation. L'entrée étoit fermée par une vaste grille de fer que vint ouvrir, avec peine, un malheureux de l'aspect le plus triste. A peine arrivés dans la premiere cour, nos Voyageurs apperçurent une foule d'enfants sales, échevelés, qui, pour entretenir l'égalité des conditions, se divertissoient à coups de poing & en s'arrachant leurs vêtements, sous les yeux de graves Messieurs vêtus comme des Commissaires & Juges Lydiens. A un certain ſignal, la tourbe ſe diviſa par bandes, dont chacune entra, ſous la garde d'un des Commiſſaires, dans une petite ſalle obſcure, meublée de bancs uſés & à demi rompus. Le Roi demanda, pour ſon compagnon & lui, la permiſſion d'aſſiſter à une leçon : ils entendirent la très-ennuyeuſe explication de quelques lambeaux d'un Auteur étranger, mort dix-huit ſiecle avant cette leçon. Le Profeſſeur expliquoit gravement des pieces de Vers de cet Auteur, dans leſquelles il propoſoit à un grand Seigneur de ſon temps de venir boire chez lui de mauvais vin dans de petites taſſes, d'autres inintelligibles, d'autres enfin pleines de ſaletés. Un enfant qui n'entendoit rien à ces gentilleſſes de l'ancien bel eſprit, fut condamné au fouet; le Roi demanda ſa grace & l'obtint, après avoir fait obſerver au digne Profeſſeur que lui-même devoit entendre difficilement d'auſſi ſuperbes paſſages, &, qu'à tout prendre, il étoit à peu près indifférent pour les Lydiens d'entendre ou non ces ſublimes folies.

En voilà, je crois, aſſez, Seigneur, dit Iſmin tout bas au Prince, pour vous donner une idée de l'inſtruction publique dans vos Etats. On n'y dit pas un mot de ce qu'ils devroient ſçavoir pour devenir un jour d'utiles & honnêtes Citoyens ; la forme même ſous laquelle on leur préſente l'étude, eſt plus propre à inſpirer le dégoût & l'effroi, que le deſir d'apprendre. Ce Cours d'inſtruction reſſemble parfaitement à une inſtruction criminelle ; la maiſon a tout l'air d'une priſon, les maîtres ſont vêtus comme des Juges : joignez à cela, des ſupplices, des fouets, des tortures. Ceci regarde encore mon Chancelier, reprend le Monarque, & je ſuis très-aſſuré qu'il n'a pas ſongé à un College depuis qu'il en eſt ſorti. (*k*)

CHAPITRE XXIII.

Fête d'une Roſiere.

L'Auguſte Voyageur s'égayoit, avec ſon confident, ſur les diſſertations Académiques & les leçons de College, quand leur converſation fut interrompue par le bruit d'une Fête champêtre que l'on préparoit à l'entrée d'un village qu'ils étoient ſur le point de traverſer. De par tous les grands Dieux, s'écria le Roi Melès, voici enfin de la joie ! Bénie ſoit-elle, reprit Ismin, depuis que nous la cherchons. Je ne ſçais, continua le Roi, ſi ce pays eſt de droit écrit ou de droit coutumier, mais puisqu'on y apprête des Fêtes, il faut croire que tout y est un peu moins mal qu'ailleurs. En approchant ils apperçurent quatre ou cinq trônes couverts de feuillage & élevés sur des tréteaux : là vinrent se placer une jeune Paysanne, un Monsieur & une Dame que la dignité & l'importance du maintien firent aisément reconnoître pour les Seigneurs du lieu. Le reste de l'assemblée étoit composé de pauvres paysans mal vêtus, & qui, à en juger par leur foiblesse & leur maigreur, devoient être tout aussi mal nourris. La cérémonie commença au bruit de deux fifres discordants & d'un triste tambour ; on posa une couronne sur la tête d'une jeune fille qui leur parut d'une exrrême laideur ; aussi-tôt l'homme de Justice du lieu se leva, & se mit en devoir, non sans beaucoup de peine, de prononcer un superbe discours, dans lequel il parla très-longtemps de la fondation des Empires, de la paix, de la guerre, du droit des gens, tant public que particulier ; delà, par les plus heureuses transitions, il en vint à l'éloge de la magnificence & de la générosité du Seigneur & de la Dame du Village. Celle-ci, dit-on, à cela près du rôle qu'elle jouoit, auroit trouvé la Fête beaucoup plus belle à l'Opéra Comique de Sardes. L'Orateur vint enfin à l'éloge de la Payſanne, dont il vanta beaucoup la vertu & qu'il cita à tout l'Auditoire comme un modele parfait de réſiſtance aux agaceries des garçons... Le Prince comprit enfin qu'il s'agiſſoit-là d'un couronnement de Roſiere, inſtitution dont ſes Courtiſans, gens très-vertueux, l'avoient ſi ſouvent entretenu.

Ismin, après avoir remarqué qu'il étoit fâcheux que la Roſiere fût ſi laide, ce qui réellement diminuoit un peu le prix de la vertu dont il étoit queſtion, s'approcha d'un curieux qui ſécouoit la tête à peu près à chaque phraſe de l'homme au diſcours. Voici, dit-il au Roi, un Auditeur avec lequel il pourroit être amuſant de cauſer ſur ces beaux établiſſements, & dans l'inſtant même il lui adreſſe ainſi la parole : Monſieur, les mœurs de ce Village doivent être bien pures ?—Pas tant qu'on pourroit le croire, répond l'ariſtarque, du ton de l'ironie & de la critique la plus amere. Vous m'avouerez, continue-t-il en ſouriant avec malice & en montrant la pauvre fille couronnée, que la vertu qui va ſe loger ainſi, n'a pas, ou ne doit pas avoir de grandes prétentions à la gloire, parce que franchement je crois qu'elle n'a pas beaucoup de risques à courir. Voici auprès de nous quelques jeunes filles très-jolies qui sont probablement comme par-tout ailleurs, c'est-à-dire, charmées de voir qu'on les trouve telles. Il faudroit, je pense, beaucoup de discours comme celui de ce Monsieur, quelque long qu'il soit, continue-t-il en montrant le terrible Orateur qui ne finissoit point, pour changer, dans ce genre, les dispositions des jeunes filles, & Dieu veuille que cela n'arrive jamais. Celles-ci se disoient donc, il n'y a qu'un moment, que celle que l'on vient de couronner n'avoit jamais eu à repousser les attaques de personne, & qu'il étoit bien facile d'être promue à la dignité de Rosiere quand on n'avoit pas à se défendre : j'avoue que j'ai fort applaudi à leurs observations... Il me paroît, Monsieur, reprit Ismin, que vous n'approuvez pas trop ces sortes d'institutions. Ma foi, Monsieur, pour vous dire nettement ce que j'en pense, reprend l'étranger, je crois que c'est bon, tout au plus, à fournir un article de journal, & que du reste, loin d'être utile aux mœurs, cela peut leur nuire infiniment. La vertu n'est pas faite pour venir recevoir froidement une couronne, & à jour nommé, comme un gagne-prix d'Académie. Souvent on fait naître mille vices en courant après une vertu d'apprêt qui presque toujous n'est qu'hypocrisie. Je ne vois ici que beaucoup de vanité & d'ostentation dans le Seigneur & la Dame de ce Village, qui pourroient bien rendre hommage à la vertu sans fifres & sans tambours d'une maniere plus secrette & plus utile. Je vois aussi qu'il peut ne pas être aussi avantageux qu'ils le croient d'exciter leurs vassaux à la pratique du bien par l'espoir d'une récompense dont l'effet nécessaire est de faire naître beaucoup d'animosités & d'envie dans l'intérieur d'une vingtaine de pauvres familles qui seroient tout autant vertueuses qu'il le faudroit sans tant d'apprêts. Ce sont ces maudits faiseurs de livres & de feuilles à l'année, au mois & à la journée, qui tournent la tête à leurs Abonnés avec des articles de bienfaisance & de générosité, &, qui pis est, de mauvais Vers; franchement rien n'est si plaisant que de voir ces belles & chastes Dames des Villes venir couronner la vertu des filles de campagne... Fort bien, Monsieur, mais vous avez avancé, si je ne me trompe, que de tels établissements pourroient même devenir nuisibles aux mœurs, & j'avoue que je ne vois pas encore comment cela peut être.—Je crois l'avoir assez prouvé, Monsieur, en vous citant les tracasseries qui résultent nécessairement de la recherche exacte que l'on fait de la conduite de telle ou de telle fille, des petites injustices, des brigues, car vous semez tout cela dans le lieu où vous fondez un prix. D'ailleurs, continue l'homme qui, depuis long-temps, cherchoit une occasion de pérorer, ne voyez-vous pas que cette institution même, en supposant que tout s'y passe selon les regles de la plus étroite justice, que cette institution, dis-je, est contraire à l'esprit de la vertu qu'elle couronne, & que, de toutes les vertus possibles, c'est celle-là qu'il faut mettre la moins en spectacle. La pureté d'une vierge est flétrie par les regards seuls des hommes qui l'admirent. Ne la séparez jamais de la pudeur son inviolable compagne, couvrez-la d'un voile, au lieu de l'élever sur un trone.

Mais voici, Messieurs, ce qui me paroît le plus dangereux pour les mœurs, c'est d'accoutumer les hommes à confondre la vertu avec le devoir. Il ne faut point récompenser le devoir, ce seroit faire croire qu'il est trop au-dessus de nous, tandis qu'il est à notre portée & d'obligation étroite. Une fille défend son honneur; un fils a soin de la veillesse de son pere; un pere de famille veille avec soin sur l'éducation de ſes enfants. Eh bien ! Ce ſont autant de devoirs qu'on a dû remplir. La vertu eſt au delà, elle eſt l'effet d'un ſentiment ſupérieur qui l'éleve au-deſſus de toutes les récompenſes & de tous les jouets de la vanité. On la voit toujours ſe cacher ſous le voile de la modeſtie : jamais il ne lui arrive de venir ſe montrer à jour convenu, pas plus à la Ville qu'au Village, & dire *couronnez-moi, me voilà, je ſuis la vertu.* Des Fêtes & des apprêts ne lui conviennent nullement. Une acclamation ſubite, un hommage non prémédité quand on la rencontre, voilà ſa récompenſe : tout le reſte ne ſied qu'à la vanité. Le ſymptôme le plus effrayant de la chûte des mœurs eſt quand on voit celle-ci ſe confondre avec la vraie vertu, & preſque tous les hommes s'y méprendre. On remarque, & avec raiſon, que c'eſt toujours dans les ſiecles les plus corrompus que l'on entend le plus retentir ces noms ſacrés, de vertu, de juſtice, d'humanité. Tout y prend l'air d'une repréſentation théâtrale où chacun cherche à jouer ſon rôle de la maniere la plus propre à faire illuſion. Chacun ſe retire derriere ſa petite réputation, acquiſe ou par quelques écus donnés à une action d'éclat, ou par un article de journal, & ſe croit diſpensé, pour sa vie, d'en faire davantage. Comme tous ces bienfaisants-là se trouveroient dupes, si personne ne parloît d'eux! La vertu seroit là cependant.

Dieu me garde cependant de conclure de là qu'il faille interdire aux hommes le plaisir d'accueillir une action vertueuse par les chants & les éloges de la joie & de l'admiration : que cet hommage soit pris, je le répete, dans le sentiment même qui a produit cette action. Mais on ne doit pas le calculer, le mesurer, pour l'ajuster à un procès-verbal, & l'offrir de maniere à faire entendre que celui qui l'offre est bien aise qu'on le sçache. Que cet hommage donc à la vraie vertu, s'il est particulier, soit pur, modeste & désintéressé, comme elle, s'il est public, qu'il soit grand, noble, respectueux, au défaut de l'enthousiasme qui doit être son vrai caractere, & qu'il ne ressemble pas à une scene de bateleurs.

Je ne sçais qu'un moyen, Messieurs, de ne pas se laisser tromper par le spectacle de ces sortes d'établissements, & de juger avec quelque certitude, de la qualité des mœurs d'un pays. Regardez bien les figures des habitants; si elles sont pâles & maigres, soyez assuré que les mœurs là sont en grand danger, parce qu'il eſt de fait, en général, que les bonnes mœurs ne logent pas long-temps ſous le même toît avec la miſere. A force de ſoins, de récompenſes, vous ferez bien naître là, pour le moment, une apparente vertu, comme, avec beaucoup de ſoins & de dépenſes encore, vous obtiendrez de faire éclorre une roſe dans le climat le moins favorable. Mais de même que vous ne jugerez pas avantageuſement de la qualité de la terre par cette ſeule fleur que vous y verrez naître pour un inſtant, & contre nature, de même je vous invite à ne pas juger des mœurs d'un pays par des fêtes & des vertus forcées qui n'ont & n'auront jamais ni la ſéve ni l'odeur de la vraie vertu : une terre riche & fertile, voilà quelle eſt la baſe des bonnes mœurs.

On doit des éloges à l'intention de l'Adminiſtrateur, auſſi éclairé que bienfaiſant, qui, le premier, a fait revivre un établiſſement de ce genre; & il ne faut pas le confondre avec des milliers d'autres fondateurs qui ſont ſurvenus depuis, car il avoit préparé la Fête par le regne de l'aiſance, à la ſuite de laquelle vient ſans effort la douce pratique des devoirs; jamais il n'auroit imaginé, comme ces gens-ci, de fonder des prix de vertus ſur une malheureuſe terre ſemblable à celle que vous voyez, où le devoir ſeul auroit tant de peine à prendre racine. Ne croyez jamais remplacer l'aiſance & la vertu par des illuſions de théâtre, dirois-je à tout homme digne d'entendre la vérité, & chargé du ſoin de gouverner, ne vous occupez que des moyens de rendre les Peuples heureux, & repoſez-vous alors ſur eux du ſoin des Fêtes, vous en verrez naître, à chaque pas, au ſein de la douce joie & de l'aiſance; la ſimple & modeſte vertu les embellira naturellement de ſa préſence, ſans mêlange d'envie ni d'oſtentation.

Je ne puis, dit Ismin en ſuivant de l'œil le Philoſophe qui déjà ſe perdoit dans la foule, je ne puis, Seigneur, m'empêcher d'avouer à Votre Majeſté que je trouve cette diſſertation très-raiſonnable, & que j'ai une toute autre idée de la vertu. Je renonce au projet que j'avois formé d'établir des Roſieres dans mes terres... Je commence auſſi à croire, répart le Monarque, que le rétabliſſement des mœurs doit tenir à de plus grands moyens. Tout ceci me rappelle, ajoute Ismin, une inſtitution ſemblable à peu près à ce que nous voyons, qui avoit pour auteur un homme que Votre Majeſté voudra bien me diſpenſer de nommer. Cet honnête fondateur avoit

avoit établi dans un de ses domaines un prix pour récompenser la vertu de la fille la plus chaste, tandis qu'il se ruinoit à corrompre, dans ce même lieu, la vertu des femmes & des filles. Quelque extraordinaire que paroisse une telle inconséquence, dit le Prince, elle n'a rien qui m'étonne ; dans les cœurs dépravés & les têtes folles, les extrêmes se touchent, il seroit aussi peu surprenant de voir quelquefois un voleur de grand chemin faire l'aumône à un passant. (*l*)

CHAPITRE XXIV.

Le Roi apprend qu'il seroit convenable que les grands Propriétaires vécussent dans leurs terres.

A Une très-petite distance de ce premier Village, nos Voyageurs en rencontrerent un second de l'aspect le plus riant, où tout respiroit l'aisance & le bonheur. Le territoire paroissoit cultivé avec le plus grand soin ; les avenues étoient plantées d'arbres fruitiers de toutes les especes, des chemins pavés & bien entretenus y conduisoient des différentes parties des grandes routes auxquelles ils alloient s'unir. Les maiſons reſſembloient à des habitations d'hommes, & non à des tannieres de bêtes féroces; elles étoient ſolidement conſtruites, dans une expoſition ſalubre : l'air qu'on y reſpiroit étoit pur comme celui des belles campagnes qui les environnoient. Le Roi voulut entrer dans une de ces habitations : il y trouva une famille nombreuſe aſſiſe à une longue table abondamment garnie; hommes, femmes, enfants, tous les convives paroiſſoient ſains & vigoureux : ils étoient vêtus d'habits de travail propres & commodes; leurs viſages étoient riants & ouverts; ils n'avoient rien de ce je ne ſçais quoi de farouche & de hideux, que donnent la mal-propreté & la miſere, & qui déforment communément les plus belles races. Le pere, le maître, étoit ſeul aſſis à un des bouts de cette table, ſes regards ſe portoient avec complaiſance ſur tout ce qui l'entouroit, & finiſſoient toujours par s'arrêter ſur les plus petits de ſes enfants qui étoient à ſes côtés... Le Prince ne chercha pas à ſe défendre de la douce émotion que lui cauſa ce ſpectacle : après quelques mots honnêtes adreſſés au Pere de famille, (car le Monarque avoit pris l'heureuſe habitude de dire juſte ce qui convenoit à chacun) il lui demanda comment il se faisoit que ce Village fût peut-être le seul de l'Empire, d'où la misere parût bannie. Si la société d'agriculture s'occupoit de lui seul, si l'on y avoit fondé des prix d'agriculture ; enfin, s'ils avoient des établissements, des Fêtes de *rosieres* & de *bonnes gens*. Il n'est pas question de tout cela, répond l'heureux fermier. Il est bien venu quelquefois ici des Messieurs de la capitale, qui nous étoient envoyés par M. l'Intendant, pour nous enseigner des secrets & de nouveaux moyens de culture. Nous nous sommes contentés de conduire ces Messieurs dans nos champs pour répondre à leurs belles phrases que nous n'entendions pas plus qu'ils n'entendoient, au fond, la vraie maniere de couvrir la terre de moissons. Ces Messieurs sont donc retournés à la Ville faire leurs livres & leurs expériences dans des carrés de jardin, tandis que nous avons continué de cultiver à notre maniere ; c'est-à-dire, en n'épargnant ni les soins ni l'argent. Quant aux Fêtes de rosieres & de bonnes gens, on ne s'est pas encore avisé de ça ici. Nous ne nous fatiguons pas la tête à rechercher si tel a plus ou moins de mérite que tel autre, chacun songe, tout bonnement, à faire de ſon mieux ſans nuire à perſonne ; & il n'y a pas trop de temps pour cela ; je vous aſſure qu'il n'en reſte pas pour aller éplucher la conduite du voiſin. La récompenſe d'une vie ſage & laborieuſe ſe trouve naturellement fondée, pour chacun, en raiſon de ce qu'il mérite ; c'eſt l'aiſance, le bonheur, la conſidération ; tout cela n'excite point d'envie, il n'y a là, ni intrigues, ni petites préférences, car on reçoit en proportion de ſa miſe. Nos filles ſont jolies & ne ſçavent pas quand on leur fait des compliments, mais elles ſont vertueuſes, & tout ſimplement, ſans hypocriſie : comme toutes ont l'eſpérance de ſe marier, & de devenir un jour d'heureuſes meres de familles, elles évitent avec ſoin, & de bonne foi, ce qui pourroit nuire à leur réputation, & les empêcher de jouir de l'état qu'elles voient à leurs compagnes. D'ailleurs, comme j'ai eu l'honneur de vous le dire, Monſieur, on eſt trop occupé ici pour ſonger à toutes ces ſubtilités-là : on ſe conduit bien, parce que c'eſt tout ſimple, & franchement nous ſommes de bonnes gens, ſans avoir jamais imaginé qu'on pût être autrement, & ſans avoir beſoin de prix, ni de fêtes, pour devenir tels. Ce n'eſt pourtant pas qu'on ne faſſe ici quelquefois, tout aussi bien qu'ailleurs, de grandes & belles actions quand l'occasion s'en présente, & sans qu'il y ait pour cela une récompense à attendre au bout de l'année. . . Le feu prit, il y a quelques semaines, à une maison de ce Village : un malheureux enfant étoit endormi dans une chambre que le feu alloit dévorer, quand un de nos jeunes gens, pendant qu'on délibéroit & qu'on se lamentoit, escalada le toît au milieu des flammes, prit l'enfant & le rapporta à sa mere. Tout le Village, à commencer par les plus anciens, femmes, enfants, nous l'avons tous embrassé là sur le champ, on a pensé l'étouffer. Voilà une récompense ça ; vous m'avouerez qu'une fête, quelque brillante qu'elle soit, ne vaut pas un transport comme celui de ce moment-là. Il est vrai que cela lui a valu aussi que le pere d'une fille qu'il aimoit, & qui ne vouloit pas la lui donner en mariage, parce qu'il ne le trouvoit pas assez riche, lui dit, en le serrant contre son cœur, *Pierre, ma fille sera ta femme*, & il a tenu parole. Et la mere est venue à la noce avec son enfant sauvé, & on pleuroit d'aise en voyant cela, sans que rien fût prémédité. Pardon, Messieurs, mais c'est que les larmes m'arrivent encore quand je songe à cela, dit l'honnête fermier en s'essuyant les yeux... Le Roi & Ismin attendris à ce simple récit, en faisoient autant de leur côté. A quels moyens cependant, reprit l'auguste & sensible Monarque, devez-vous cette aisance dont je vous vois jouir ? — Ma foi, Monsieur, pour vous le dire franchement, répond le fermier, à la résidence du Seigneur du Village dans ses terres. Nous ne pouvons l'attribuer qu'à cela, quand nous songeons à la misere qui nous dévoroit du temps de l'autre Seigneur; il ne venoit jamais ici que pour y fouler ses fermiers, il passoit sa vie à la Cour, où il a si bien fait ses affaires qu'il y est mort ruiné & banqueroutier : qu'il étoit différent de son respectable successeur ! Oui, je ne sçaurois encore me rappeller, sans frémir, le triste état où nous étions tous réduits. Celui-ci, au lieu de dissiper ses biens en folies sur le pavé de la capitale, les a placés sur la terre. Il a commencé par faire de grandes avances à ses fermiers, & loin de les presser pour les remboursements, leur a laissé le temps de se fortifier. Ensuite il a fait travailler à son établissement, car les bâtiments qui tomboient en ruines étoient entourés de champs en friche; tous ces travaux ont fait naître des salaires.

Avant d'en venir à l'agréable, il a encore fait construire les chemins que vous voyez pour joindre les grandes routes ; il n'a rien épargné en grandes & utiles dépenses pour détourner les eaux nuisibles, pour diriger celles qui étoient utiles, tout le monde a trouvé de l'emploi & du travail qui faisoit toujours plaisir, quelque pénible qu'il fût, car on aime à voir que chaque coup de pic, ou de bêche, va produire quelque chose d'utile. Après tout cela il s'est occupé des embellissements de son séjour, & il en est arrivé tout ce que vous voyez. Je maintiens que si les grands Seigneurs imitoient cette conduite-là, ils feroient plus grands Seigneurs qu'ils ne sont, & le Peuple seroit plus heureux, & le Roi seroit autrement puissant qu'il ne l'est... Je le crois, dit Ismin, & sans ajouter rien de plus, pour ne pas interrompre le fermier, que le Roi paroissoit écouter avec le plus vif intérêt... Car qu'est-ce qu'ils font à cette Cour & dans cette capitale, continue-t-il ? On m'a dit qu'ils s'y ennuyoient à mourir, & qu'ils s'y ruinoient sans que cela leur fît grand plaisir. Il faut bien alors qu'ils finissent par *mendier*, quoique ce mot-là paroisse bien fort, & que ce soit du Roi seul qu'ils demandent des secours, cela n'en eſt pas moins mendier, & recevoir en pure grace des biens qu'ils ſont loin d'avoir mérités. Mais ſi j'étois le Roi, je les attraperois bien. — Et comment feriez-vous, reprend le Prince ? Ma foi, je ne regarderois ſeulement pas ceux qui n'auroient, à ma Cour, d'autre métier que celui d'intriguer ou de jouer, & quand ils ſeroient ruinés, malgré l'importance de leurs grands noms, je ne leur donnerois ni places ni argent. Quelques exemples de ce genre-là, ſoutenus avec rigueur, avertiroient les autres & pourroient opérer un grand changement. Qu'ils viennent vivre dans leurs terres, & je ſuis bien sûr qu'après avoir vu ce qu'il en coûte de ſoins, d'argent & d'inquiétudes, pour couvrir un champ de fruits, ils n'en riſqueront pas dans un moment la valeur ſur une carte ou ſur un coup de dé. La terre vue de près a un je ne ſçais quoi d'intérêt qui inſpire le goût de l'ordre, qui tempere la folie de déprédation, qui attendrit & fait plus d'effet ſur le cœur des diſſipateurs que tous les livres & les ſermons du monde. J'ai vu, s'il eſt permis de comparer les petits aux grands, j'ai vu des enfants de fermiers, comme moi, que la Ville avoit bientôt pervertis, ſur qui tous les diſcours & les préceptes n'opéroient rien, qui pourtant sont devenus d'honnêtes gens & de bons peres de famille en revenant à la charrue. Pourquoi, dans leur genre, cela ne feroit-il pas le même effet sur les grands? Je tiens pour certain, moi, que les Médecins & les autres Docteurs, de toutes les sortes, n'ont qu'une chose à faire, c'est de leur conseiller, pour leur santé comme pour tout le reste, l'air de la campagne.

Quelle est, dit le Roi, la vie que mene ici votre digne Seigneur? La plus heureuse du monde, répond le fermier. D'abord, il faut commencer par entendre que c'est bien quelque chose pour le bonheur de se voir entouré de gens qui partagent celui dont vous jouissez, & qui, dans leurs moments de repos, vous comblent de bénédictions. Cela, je crois, est un peu différent de l'état de quelques grands Seigneurs de la Ville qui, au contraire, n'ont auprès d'eux qu'une foule de fripons oisifs qui les pillent; sans pour cela les aimer davantage; de pauvres créanciers qu'ils réduisent à la mendicité, qui les maudissent eux & leur mémoire pendant une longue suite de générations. Quelque plaisir qu'il y ait d'ailleurs à entretenir une petite maison qui fait démolir l'hôtel, des Dames dont on n'est point aimé, des valets dont on n'eſt pas ſervi, des équipages que perſonne ne regarde, & de belles fêtes où l'on ne s'amuſe pas, il faut convenir que cela ſeul, d'entendre toujours crier autour de ſoi, doit, au moins, être fort importun.

Il me ſemble, dit le Prince, que pour un habitant de la campagne, vous connoiſſez un peu la Ville... Hélas, Monſieur, je le confeſſerai à ma honte, j'étois un de ces fils de fermier dont je vous parlois il n'y a qu'un moment, que la Ville avoit pervertis, & que la Providence a daigné ramener à la vie des champs... Mais revenons à notre bon Seigneur, car je ne puis me laſſer de parler de lui. Il eſt toujours occupé de quelques moyens de perfectionner nos travaux; de la campagne il paſſe dans ſes jardins, où il trouve mille objets de délaſſement, car il commence toujours par l'utile. Dans nos jours de fêtes & de repos, il daigne s'amuſer de nos jeux; ſa préſence y maintient l'ordre ſans en troubler la joie, & je vous jure bien qu'il n'a pas l'air de s'ennuyer. Car n'imaginez pas que ſa vie puiſſe reſſembler à celle que menent certains Seigneurs dans leurs terres, où ils ne viennent qu'après s'être ruinés, & où, conſéquemment, ils vivent de la maniere la plus meſquine. Il n'eſt sûrement pas d'homme de qualité, à la Cour ou à la Ville, dont la représentation égale celle qu'il a ici. Sa Cour est composée de tous les pauvres Nobles de la Province, qui le regardent & le chérissent comme leur pere ; il les aide, les encourage, se charge des enfants des plus pauvres & des plus méritants. Sa maison est nombreuse & bien payée ; ses valets ne sont pas de ces Messieurs qui d'ordinaire n'ont d'autre métier, à la campagne, que celui d'y pervertir les mœurs, d'y faire naître le goût de l'oisiveté & de l'indépendance, & d'inspirer à tous les jeunes gens le desir de se faire laquais. Non, non, l'ordre de sa maison ne souffre, dans ce nombreux domestique, ni le vice, ni l'insolence, ni l'oisiveté, tout y est à sa place, & tout y prend l'air de l'aisance, de la grandeur, de la décence & du bonheur.

Le Prince enchanté de ces détails, pria le bon fermier de l'accompagner jusqu'à l'habitation du digne Seigneur, & quoique ses yeux dussent être accoutumés à la magnificence, le noble aspect de la maison, la vaste étendue des jardins, le goût de leur distribution, l'heureux accord de toutes les beautés de la nature, avec les soins de l'art le mieux entendu, tout, à chaque pas, excitoit dans l'ame du Monarque un nouveau ſentiment de ſurpriſe & d'admiration.

Je ne crois pas, dit le fermier en faiſant ſes adieux aux deux Voyageurs, que tout le faſte des élégants de la capitale, puiſſe tenir contre ce que vous voyez. Que de joujoux il faudroit pour payer ſeulement la dépenſe qui ſe fait ici ! Comme cette bonne terre fournit à tout, quand on ſçait vivre avec elle ! Ce fut par cette derniere exclamation que ſe termina la ſçene du fermier, qui laiſſa le Prince & Ismin ravis de ſes obſervations. Ismin ſaiſit cette occaſion de reprendre la converſation qu'il avoit déjà eue avec le Roi ſur la Nobleſſe ; le Monarque fut très-perſuadé que la Nobleſſe digne, & ſeule digne de ſes faveurs, étoit celle qui donnoit au reſte de la Nation l'exemple de l'ordre & des vertus.

CHAPITRE XXV.

Des Moines Lydiens.

IL eſt néceſſaire d'avertir, pour l'intelligence de ce Chapitre, qu'il y avoit autrefois beaucoup de Moines en Lydie : ils s'étoient établis là, comme ils ont fait depuis dans nos contrées, en vivant de peu, en travaillant beaucoup. On leur reprochoit d'avoir abusé de la crédulité des bonnes gens, de s'être fait céder beaucoup de biens temporels en échange des spirituels qu'ils promettoient. Quoique ce reproche ne fût pas sans quelque fondement, c'étoit remonter bien haut pour leur chercher querelle; mais ils étoient devenus riches & puissants, au point d'exciter la cupidité.

Il faut dire encore que le siecle du Roi Melès étoit un siecle de philosophie décisive & tranchante, qui ne voyoit pas de raisons pour laisser subsister les choses établies, & qui, sans s'inquiéter de ce qu'on pourroit remettre à leur place, démolissoit & détruisoit de la meilleure grace du monde. Des milliers de beaux esprits avoient réuni tous leurs efforts contre la Religion; les Prêtres qui n'étoient pas si plaisants que leurs Adversaires, laissoient la chose se défendre par elle-même; les Grands Prêtres ou Surveillants, qu'on a depuis appellés *Episcopoi*, lançoient bien de temps en temps quelques discours de leur composition, dans lesquels ils vouoient les mécréants aux Dieux infernaux; mais peu de gens lisoient ces discours écrits communément avec négligence,

& peu propres à faire quelque impreſſion. Les plus fins de ces Surveillants ſe tournerent vers l'Adminiſtration des Provinces, & ne parurent plus ſe mêler que d'Adminiſtration temporelle : ils y trouvoient l'avantage de joindre à la conſidération chancellante du ſacerdoce celle que donnent les affaires, & de paſſer quelques hivers à Sardes. Du reſte, ils étoient fort aimables, & ne parloient pas plus des grands Dieux que s'il n'en eût jamais été queſtion ; ils rioient avec les plaiſants, étoient tolérants avec tout le monde, & jouiſſoient très-noblement, en bons Gentilshommes, des bienfaits de la Providence. Ils ne paroiſſoient pas trop s'inquiéter des écrits des Philoſophes, parce qu'ils ſçavoient que ces beaux génies finiroient par ennuyer les Dames qui, à Sardes, comme par tout ailleurs, n'ont jamais eu grand plaiſir à entendre ſoutenir des Theſes. Il étoit bien quelques gens un peu raiſonneurs qui diſoient qu'il ne ſuffiſoit pas pour un *Surveillant* d'être homme de bonne compagnie, & que tous auroient dû, comme l'avoient fait entendre quelques-uns d'entr'eux, répondre aux écrits des profanes, ſinon, par d'autres écrits, au moins par la pratique exemplaire des vertus qu'ils recommandoient, retourner dans les Provinces,

& se remettre à une Administration un peu plus spirituelle. Mais ces gens-là furent contraints de se taire, parce que les *Episcopoi* leur répondirent qu'ils étoient aussi des impies.

Au milieu de tous ces désordres, les Moines s'attendoient bien qu'on viendroit à eux, & qu'ils pourroient bien payer pour tout le monde. On les badinoit depuis long-temps sur la forme de leurs capuchons, sur leurs cérémonies, sur la regle de leur institut; jusqu'alors ils n'avoient pas pris l'alarme : mais ils commencerent de craindre sérieusement, quand ils virent un Prince voisin de la Lydie s'emparer des biens de leurs Confreres, en vertu de la puissance qu'il tenoit de Dieu & de 300000 hommes sous les armes. Cet exemple, on ne peut le dissimuler, avoit fait une forte d'impression sur le Roi Melès. En passant un jour près d'une des plus belles Maisons de l'Ordre le mieux fondé dans l'Empire, il ne put s'empêcher de dire à Ismin, ces gens-là sont bien riches, & leurs biens, ce me semble, pourroient être employés d'une maniere plus utile. Seigneur, reprit Ismin, qui voyoit aisément où tendoit le discours du Prince, je crois, en général, que Votre Majesté a beaucoup d'autres choses à faire avant que d'en venir à se charger de l'emploi des biens des Moines. Je ne rechercherai pas dans ce moment l'origine de leur propriété, je n'en discuterai pas la nature ; je ne dirai pas qu'il est juste ou injuste de les chasser de leurs possessions, qu'un Moine peut, ou ne peut pas transmettre à un autre Moine le droit qu'il n'a pas, car j'ennuierois Votre Majesté sans l'éclairer davantage : je me bornerai à lui faire observer qu'on doit au moins les regarder & les traiter comme des Citoyens qui ont pris un état sur la foi publique, & que cela seul mérite quelque considération. Je vois d'ailleurs qu'ils ne nuisent à personne, & qu'à cela près de quelques mauvaises plaisanteries qu'on renouvelle sur leur compte, on ne peut gueres leur reprocher que d'être un peu à leur aise, & il faut se méfier des arguments de la cupidité. Ils sont dans ce moment-ci fort tranquilles, & n'excitent plus les Peuples à prendre parti dans leurs inintelligibles querelles : ils mangent leurs portions dans le lieu où ils sont, excepté les Très-Révérends Peres, leurs Chefs Commendataires, qui vivent dans la capitale assez communément ; ils cultivent fort bien leurs terres, entretiennent à merveille leurs bâtiments, comme vous le voyez, & font vivre tout ce qui est autour d'eux. Loin de les détruire,

détruire, je ſerois aſſez tenté de les engager à envoyer quelques-uns de leurs Détachements dans les plus miſérables contrées de vos Etats, & de leur permettre de s'y établir. Isinin fut interrompu, dans ce moment, par la rencontre de pluſieurs payſans qui s'acheminoient vers le Couvent. Et où allez-vous, mes bonnes gens, leur demande le Roi? Monſieur, répond un des payſans, nous allons tous à ce Couvent que vous voyez, & chacun pour y chercher quelques ſecours : moi, je vais prier Monſieur le Supérieur d'envoyer tout de ſuite le Médecin de la Maiſon chez deux de mes enfants qui ſont pris, à ce que je penſe, de la maladie qui a déjà fait tant de ravages dans ce canton-ci, & qui en auroit fait bien davantage ſans les ſoins des ces Meſſieurs, en montrant le Couvent : car quand il nous arrive quelque malheur, nous allons là. Et vous n'êtes jamais repouſſés, reprend le Roi? Non, jamais, quoiqu'ils ſçachent fort bien diſtinguer le vice & la pareſſe, & que ſur cela il ne ſoit gueres poſſible de les attraper. Vous ſeriez donc bien fâchés, continue le Roi, ſi, comme on le dit quelquefois, on s'aviſoit de détruire ces maiſons? Ma foi, Monſieur, autant vaudroit mettre feu à tout le pays... Mais, reprend le Prince, leurs biens feroient tenus par d'autres ? Bon, répond le payfan, mais d'autres ne les tiendroient peut-être pas fi bien qu'eux. Il n'y a qu'à comparer les terres de ce canton, qui appartiennent au Roi & aux particuliers, avec celles de nos Meffieurs, & l'on verra la différence. Si un fermier fait quelques pertes confidérables, ils n'achevent pas fa ruine en le preffant de payer ; au contraire, ils lui donnent du temps, lui font des remifes, & lui accordent tous les moyens de fe rétablir, ainfi la terre ne fouffre jamais, & c'eft là l'effentiel. Ces autres dont vous parlez, Monfieur, qui poffèderoient ces biens, feroient, fans y manquer, ce que font prefque tous les Seigneurs du pays, ils iroient manger leurs revenus, & par de-là encore, à la grande Ville ou à la Cour. Comme tout ce beau pays-là deviendroit bientôt une friche ! ... Mais avant qu'il y eût des Moines, dit encore le Prince qui s'amufoit fort de la converfation du payfan, & dans les pays où il n'y en a point, les terres étoient & font bien cultivées, & le Peuple n'en eft pas plus malheureux.— Par ma foi, Monfieur, je ne fçais pas comment cela fe paffoit avant qu'il y eût des Moines, c'eft au-delà de ma connoiffance, tout ce que je fçais, c'eft qu'ils font affez anciens ici, & que j'en ai toujours entendu dire du bien; quant aux pays où il n'y en a point, si les habitants de ces pays-là se soutiennent bien sans eux, apparemment qu'on a eu soin de mettre à leur place quelque autre chose qui en tient lieu, & que leurs Seigneurs, peut-être, vivent au moins comme nos Moines. En vérité, Monsieur, continue le paysan en montrant du doigt les vastes bâtiments du Monastere, je vous assure que si ces deux tours que vous voyez là venoient à tomber, nous serions tous bien tristes, car c'est le refuge de tout le pays.

Dans cette maladie, par exemple, dont je vous parlois tout à l'heure, que serions-nous devenus sans ces bons Messieurs? Dès le premier moment où le mal s'est déclaré, ils ont envoyé chercher les meilleurs Médecins de la Ville, ils ont fait acheter tous les remédes nécessaires, ils nous ont fait préparer, & en abondance, les aliments convenables, & nous n'avons pas un seul de ces mémoires là à payer. Un pere de famille est-il trop chargé d'enfants, une femme reste-t-elle veuve avec des orphelins, eh bien, ils viennent au secours. La grêle ruine-t-elle un champ, ils font des avances au malheureux qui, sans cela, ne pourroit se remonter. Un hiver est-il long & rude, ils ſçavent le rendre ſupportable pour tout le monde ; en un mot, tout s'arrange avec eux. Oui, Monſieur, je le répete, il me paroît bien difficile de mettre à leur place quelqu'un qui faſſe autant de bien qu'eux. Le Roi eſt bien le maître, ſans contredit, mais s'il nous conſultoit avant de faire une opération comme celle-là, sûrement il ſeroit bien étonné de tout ce que nous dirions pour le prier de ne pas faire démolir le Couvent. Je ne ſuis pas bien fort ſur la lecture, mais j'en ſçais aſſez cependant pour voir que c'eſt toujours dans ces Villes qu'on imagine de beaux projets comme ça. Il y a toujours là quantités d'habiles Meſſieurs qui ne ſongent qu'à tout bouleverſer, avec tout leur eſprit, ils feroient bien mieux de s'amuſer à autre choſe ; il m'eſt avis qu'ils reſſemblent à des gens qui mettroient le feu à une maiſon pour l'éclairer. Adieu, Meſſieurs, veuille le Ciel nous préſerver, & les Moines, de tout accident de ce genre, car ce ſeroit encore plus malheureux pour eux que pour nous... Ismin étoit enchanté de l'apologie que venoit de faire cet homme... La vérité, Seigneur, dit-il au Prince, s'eſt montrée là ſans déguiſement, je ſuis bien aſſuré que Votre Majeſté ne trouve plus tant de facilité à faire un meilleur emploi du bien des Moines. Ah, mon cher Ismin, répond le Monarque, je n'oublierai jamais qu'il faut se méfier des arguments de la cupidité, & ne pas se presser de détruire.

Nota. J'omets ici les détails de quelques voyages que le Roi fit encore dans ses Provinces, ils m'ont paru rentrer, pour la plupart, dans ce qu'on a déjà vu : je passe donc au séjour du Roi dans sa capitale.

CHAPITRE XXVI.

Arrivée du Roi dans sa Capitale. Premiers objets qui frappent ses regards.

SArdes étoit remplie, comme toutes les Capitales du monde, de grands Seigneurs, qui se ruinoient, de parvenus qui s'efforçoient d'imiter les grands Seigneurs, & qui retomboient dans la fange d'où ils s'étoient élevés, d'intriguants qui vivoient aux dépens de tout le monde, de charlatans de toutes les sortes ; les uns montés sur des tréteaux dans les places publiques ; les autres faisant leurs tours à huis-clos ; enfin, d'une foule immense de Peuple, dont une moitié étoit pervertie par le luxe, & l'autre dévorée par la misere. Quoi qu'il en fût des sermons des Prêtres, des traités de morale des Philosophes, des traits de bienfaisance & de générosité des journaux, les vices de tous les genres infectoient toutes les conditions.

Nous ne suivrons pas le Monarque dans le cours entier de ses observations, nous nous bornerons à rapporter quelques-unes des scenes qui s'offriront à ses regards, & qui peuvent devenir utiles à tous les pays. Le jour baissoit au moment de l'arrivée du Roi dans la Capitale: comme il étoit trop tard pour observer ailleurs que dans les rues, & comme le Prince ne vouloit cependant pas perdre un seul instant du temps qu'il employoit si utilement, allons, dit-il à son cher Ismin, mêlons-nous dans la foule, & voyons comment les journées finissent à Sardes : ils s'avancent vers les quartiers les plus brillants. Quoique le Monarque n'ignorât pas les progrès affreux de la corruption, & de la ruine absolue des mœurs, il fut étonné & recula plus d'une fois d'horreur à l'aspect des excès publics du libertinage & de la dissolution. Les rues les plus fréquentées étoient remplies, sans interruption, de femmes perdues, à demi ivres, aux dégoûtantes invitations desquelles il étoit impossible d'échapper. Quelques précautions que prissent les honnêtes habitants des boutiques qui bordoient ces rues, ils avoient la douleur de voir leurs enfants témoins de ces sales orgies qui ne cessoient que dans les moments du passage des Patrouilles préposées pour la garde de la Ville. Les tavernes voisines regorgeoient de la plus vile populace abandonnée à toutes les fureurs de la crapule. C'étoit dans ces lieux infames que de malheureux fils d'artisans, dont les inclinations auroient pu devenir honnêtes, venoient livrer à la prostitution, au jeu, à la débauche, le salaire de longs jours de peine dérobé à leurs peres, & ruiner leurs forces à peine naissantes; c'étoit là que des peres eux-mêmes dévoroient, dans un instant, la subsistance qui auroit suffi une semaine entiere à leurs familles expirantes de besoins; c'étoit là, enfin, que le Peuple venoit s'abreuver de liqueurs empoisonnées, & puiser, dans les bruyants éclats d'une fausse joie, des germes de maladie & de mort.

Quel abominable spectacle, dit le Roi en se retournant vers Ismin, qui n'étoit pas moins étonné que son auguste Maître! Qui croiroit que la plus vile populace d'un Nation qui se croit civilisée, puisse se livrer à cet excès d'abandon & de crapule ? Messieurs, dit alors un homme très-poli qui se trouvoit auprès d'eux, & qui avoit entendu l'exclamation du Roi, je vois bien que vous êtes scandalisés de la maniere dont on permet ici au Peuple de se récréer, & assurément quelqu'indulgent qu'on soit, jamais il n'a paru plus permis de se scandaliser. Cependant vous daignerez remarquer, en y réfléchissant, que les choses ne sçauroient gueres être autrement... Et comment cela, reprit Ismin fortement surpris de ce préambule ? Voici une question, reprit le Citadin, que ne me feroient pas ces Messieurs s'ils étoient Lydiens, & s'ils avoient un peu étudié notre constitution. Quelle peut donc être, répart le Roi avec vivacité, la constitution qui nécessite d'aussi abominables désordres ? Un peu de patience, daignez vous calmer, Monsieur, je vous en supplie, continue toujours très-doucement & très-poliment l'honnête Bourgeois, & procédons, s'il vous plaît, par ordre. Ces femmes que vous voyez arrêter les passants avec tant d'impudence, doivent être nécessairement tolérées dans une Ville aussi peuplée que l'est celle-ci. Les Moralistes, comme vous le sçavez, ont décidé que de deux maux il falloit choiſir le moindre. Or, ces malheureuſes ſauvent la vertu de nos femmes & de nos filles des attaques d'une jeuneſſe qu'il ſeroit autrement très-difficile de contenir. En admettant le principe qu'il faut tolérer cette eſpece de femmes, on ne peut faire qu'elle ne ſoit telle que vous la voyez, & qu'elle ait plus de décence dans les manieres. Quant à leur nombre, qui, je l'avoue, eſt très-conſidérable, il eſt encore aſſez difficile d'avoir ſur cela un tarif bien exact : elles ſont ſans ceſſe recrutées de malheureuſes filles de Provinces qui viennent à Sardes toujours dans l'eſpérance d'y faire fortune, de jeunes filles débauchées par les valets des grands Seigneurs & des Financiers ; d'autres enfin précipitées par la miſere dans une premiere faute dont elles ont bientôt perdu la honte... De temps en temps la Police fait main-baſſe ſur ces miſérables, on les enferme pendant quelques mois dans des maiſons de force ; là on les contraint de travailler & d'entendre des diſcours ſpirituels qui ne doivent pas être d'une éloquence bien perſuaſive à en juger par les effets ; car à peine ſont-elles remiſes en liberté pour faire place à de nouvelles pénitentes, qu'elles reprennent leur ancien métier avec d'autant plus d'ardeur, qu'il faut réparer les pertes que leur a causées une longue captivité. Jusques-là, Messieurs, vous serez forcé de convenir qu'il n'y a rien de plus naturel, & qu'il ne faut jamais se presser de se scandaliser. J'ajouterai même qu'il y a de sublimes politiques qui, abstraction faite de toute considération morale, prétendent que ce genre de tolérance a pour l'Etat même un côté très-avantageux, (le Roi, cette fois, perdoit patience sans un signe d'Ismin) & vous serez forcé de convenir que leurs raisons sont d'un grand poids. Ils disent donc d'abord que les filles de cette espece, mais dans le premier ordre, soutiennent, par leur goût & leur dépense, notre commerce de modes, qui, de l'aveu de tout le monde, est une des plus fécondes sources de notre opulence, que l'argent circuleroit sans elles dans les Provinces les plus reculées, où il ne feroit honneur à personne; car il s'y changeroit en bled, en vin & autres productions communes, au lieu de venir animer les arts qui élevent notre nation à un si haut degré de gloire & de puissance. Voilà pour les Dames de ce genre, du premier ordre, qui d'ailleurs font une très-grande dépense en bâtiments, meubles, équipages : de plus, elles sont douées, depuis quelque temps, de qualités personnelles qui les rendent infiniment eſtimables. Elles s'adonnent, pour la plupart, à l'étude des beaux arts, leurs maiſons ſont le rendez-vous ordinaire de nos beaux eſprits, & d'une jeuneſſe brillante qu'elles veulent bien prendre ſoin de débarraſſer de tous les préjugés de leur éducation, & qu'elles forment merveilleuſement pour la ſociété. Pluſieurs d'entr'elles ſont d'une étonnante profondeur en philoſophie & en morale ; elles ont toujours à la bouche les mots de bienfaiſance & de généroſité, ſur-tout, elles vous citeront de mémoire des pages entieres d'un des plus grands Ecrivains de ce ſiecle qui eſt devenu leur Auteur favori ; enfin on ne ſçauroit porter plus loin qu'elles ne le font l'amour de l'humanité.

Ces mêmes politiques diſent encore des malheureuſes de ce dernier ordre qui ſe traînent dans la fange des rues, qu'elles ſont très-utiles par leurs conſommations perſonnelles & par celles qu'elles néceſſitent ; il eſt vrai que des voleurs conſidérés ſous ce rapport de conſommateurs, peuvent auſſi devenir infiniment utiles.

Quant à ces cabarets remplis d'une populace dépravée, le Lydien le moins inſtruit vous dira que ſi ces gens-là ne buvoient pas juſqu'à s'enivrer, Meſſieurs les Fermiers Généraux rendroient moins au Souverain, & que lorſqu'il eſt queſtion de diminuer une occaſion de débauche; on craint toujours, & avec raiſon, de cauſer une grande diminution dans l'Etat des revenus de l'impoſition. Vous obſerverez peut-être, Meſſieurs, que vous conſentiriez à laiſſer ces malheureux boire même juſqu'à l'excès, ſous la condition que le vin ne ſeroit pas mal-faiſant; mais le cabaretier ne manquera pas de vous dire que les droits d'entrée ſont tels, qu'ils ne ſçauroit ſe tirer d'affaire & donner ſon vin à un prix honnête, que le Peuple paie encore avec peine, qu'en faiſant, par un petit travail particulier, deux ou trois pieces d'une; qu'ainſi il gagne très-légitimement, par ſon honnête induſtrie, les droits d'entrée d'une piece, & qu'on n'a rien à lui dire, pourvu que le buveur ne tombe pas mort ſur la table, dût-il mourir peu de jours après. Les gens chargés de la police de cette immenſe cité ajouteront que ſans ces maiſons de débauche, il ſeroit impoſſible de pourvoir à ſa ſûreté : tous les brigands qu'elle récéle dans ſes murs ne volent & ne pillent que pour mener ce qu'ils appellent une vie joyeuſe; ils viennent là entre les filles, les pots & le jeu, oublier les fatigues du jour, & ſe diſtraire ſur les craintes de la nuit; ces maiſons ſont les pieges où ils ſe prennent eux-mêmes dans l'inſouciance & l'abandon de l'ivreſſe. Il eſt quelques perſonnes un peu ſéveres en principes qui penſent que l'avantage qui réſulte de la capture d'un brigand ne peut ſe comparer à l'inconvénient d'expoſer à ſe pervertir cent hommes qui auroient pu devenir d'honnêtes gens. Mais il faut croire que tout cela a été mûrement peſé, examiné, & que l'avantage pour les mœurs doit être du côté des cabarets, puiſqu'on les laiſſe ſubſiſter, & ſous la forme que vous voyez, quelque ſcandaleuſe qu'elle paroiſſe.

Je finirai, Meſſieurs, en vous priant d'obſerver que de tels établiſſements ſont de premiere néceſſité pour recruter les armées. Auſſi voyez-vous ces tavernes remplies de ſoldats qui viennent y enrôler des camarades, ils en trouvent à choiſir. Les uns ſont des jeunes gens qui n'oſent plus rentrer dans la maiſon paternelle ; les autres craignent quelque châtiment public mérité par leurs déſordres ; ceux-ci, qui n'ont plus d'argent, ſe vendent pour fournir à quelques jours de débauche ; ceux-là ſe perſuadent aiſément que le temps de leur engagement reſſemblera à celui de l'enrôlement ; la maîtreſſe & le vin du héros Recruteur achevent de déterminer le plus méfiant & le moins libertin. (Ici le Roi ne put s'empêcher de ſoupirer en se rappellant sa conversation avec le soldat qu'il avoit rencontré quelque temps auparavant.) On observe quelquefois, continue l'impitoyable dissertateur, que des hommes pris dans de telles especes doivent devenir de très-mauvais soldats qui meurent sous le bâton ou dans les hôpitaux, quand ils ne trouvent pas les moyens de déserter ; mais il n'est gueres que des Philosophes, & autres gens à rêveries, qui fassent de telles observations ; pourvu qu'un homme ait la taille convenable, il importe très-peu d'ailleurs de connoître ses dispositions & ses sentiments ; c'étoit bien quelque chose autrefois, mais cela est devenu aujourd'hui indifférent, & mon cousin qui est un grand homme de guerre m'a assuré plus d'une fois qu'on riroit au nez d'un Colonel qui s'aviseroit de faire quelque attentive à la moralité des recrues qu'on lui envoie.

Pardon, Messieurs, je finis cette fois, j'étois bien aise de vous donner une idée un peu plus juste de ce qui me paroissoit tant blesser vos regards. Le Monarque & Ismin resterent muets dans l'étonnement que leur causa la prodigieuse volubilité de cet étrange raisonneur, & n'en furent pas moins scandalisés de ce qu'ils avoient vu. (*m*)

CHAPITRE XXVII.

Converſations politiques d'un Café. Nouvelle qui ſurprend le Roi. Encore un peu de Philoſophie.

LE Roi, après avoir obſervé une partie du Peuple de la Capitale en récréation, voulut auſſi l'examiner dans les genres du travail; dès le matin donc il ſe remit en route avec Iſmin. Les rues étoient remplies d'une foule d'hommes, d'enfants, de femmes, de vieillards & d'infirmes, errants, confondus pêle mêle avec les voitures & les chevaux, le tout criant, jurant, ſe heurtant ſans ceſſe. L'ame ſenſible du Monarque ſe troubloit, à chaque pas qu'il faiſoit, de la crainte de voir ces malheureux près d'être écraſés ſous les roues, ou foulés ſous les pieds des chevaux. Je remarque, dit-il à Iſmin, que tout eſt merveilleuſement diſpoſé ici pour la commodité des grands & des riches, mais qu'on n'y tient nul compte du Peuple, il m'y paroît traité avec une ſorte d'indifférence qui differe peu du mépris. Ne ſeroit-ce pas là une des raisons pour lesquelles tant de profonds Ecrivains de ce siecle, qui ne jugent des différents gouvernements que par l'état des rues, préférent la République à la Monarchie ? Cela peut fort bien être, répond Ism mais si l'on ne peut, sans d'énormes dépenses, élargir & tenir plus propres ces rues étroites & fangeuses, ne seroit-il pas possible d'arrêter un peu le train de ces voitures, dont il me paroîtroit bien convenable aussi de diminuer le nombre ? Ce dernier article, reprend le Prince, tient à des principes plus profonds que ceux de la Police. Mais que ce Peuple paroît misérable, à en juger par la foiblesse de sa constitution & les haillons dont il est à peine couvert ! Tout en faisant ces tristes réflexions, & en se sauvant, avec peine, eux-mêmes du fracas des rues, nos deux Voyageurs entrerent dans un Café rempli de nouvellistes & de dissertateurs. Ils prirent séance près d'une table où la conversation paroissoit très-animée. L'auditoire étoit nombreux & prêtoit la plus grande attention aux discours de deux politiques célebres qui se laissoient, à peine, le loisir de s'entendre pour se répondre. Il s'agissoit d'une guerre très-prochaine que projettoient deux Puissances réunies contre un Peuple qui n'avoit gueres d'autre

tort

tort que celui d'être très-différent, dans ses manieres, des nations qui l'entouroient, & d'occuper une des plus belles contrées de l'Asie. Du reste, il étoit noble, généreux, fidele à sa parole, & depuis le moment où il s'étoit établi on ne l'avoit point vu se mettre en campagne pour autre raison que celle de sa propre défense. Le politique protecteur des deux Puissances confédérées convenoit des qualités de ce Peuple, mais il répondoit, qu'il ne vouloit, ni étudier, ni permettre aux autres d'aller étudier chez lui, que les plus beaux monuments de l'antiquité, dont il étoit possesseur, restoient ensévelis sous le sable, sans que personne osât les déterrer, & qu'il seroit bien doux pour Messieurs de l'Académie des Inscriptions & belles Lettres de Sardes, d'aller un jour faire là de sçavantes recherches sans crainte d'être empâlés; crainte que ne peut surmonter l'amour de l'antiquité, quelque vif qu'on le suppose. Il ajoutoit encore que cet Empire, par la singularité des usages, des habits & des rits Religieux, ressembloit à un bal masqué, & qu'en tout ces gens-là étoient barbares & excessivement ridicules. On se doute bien que l'autre politique ne manquoit pas de riposter que ces raisons-là ne lui paroissoient pas suffisantes pour

M

mettre en feu la moitié de l'Asie, & faire égorger deux cents mille hommes de part & d'autre ; qu'une Nation entiere n'avoit de compte à rendre à personne sur sa maniere de s'habiller & de faire la révérence, qu'elle étoit bien maîtresse de se débarbouiller autant de fois par jour que bon lui sembloit, & de ne pas aller au College si cela l'ennuyoit, pourvu qu'elle laissât ses voisins en paix ; enfin, que c'étoit un fort vilain systême d'éducation que celui d'aller tuer les gens pour les civiliser & leur donner de bonnes manieres. La conversation s'échauffoit quand elle fut interrompue par la question brusque d'un homme grave, à qui trente ans de résidence très-assidue dans ce lieu donnoient le droit de briser impunément, & sans réclamation, toute dissertation établie : Sçavez-vous la nouvelle, Messieurs, dit-il, & d'une voix terrible qui imposa silence à tout le monde ? On vient de m'assurer que ce n'est, ni chez les Perses, ni chez les Indiens, que voyage le Roi Melès, mais dans ses propres Etats, en Lydie, & ce qui confirme la vérité de la nouvelle, c'est que la plupart de Nosseigneurs les *Episcopoi*, & les Satrapes ou Intendants, retournent en foule de la Capitale dans leurs divers Départements spirituels & temporels ; car vous croyez bien qu'il ſeroit fâcheux que le Roi qui voyage *incognito* ne trouvât perſonne à ſa place. Il eſt aiſé de concevoir que le Monarque & Ismin furent ceux de l'aſſemblée ſur leſquels la nouvelle fit la plus forte impreſſion. Ils commençoient à peine à ſe remettre du trouble qu'elle leur avoit cauſée, quand le nouvelliſte attira ſur eux les regards de l'aſſemblée par cette exclamation : voici deux Meſſieurs qui ſont Perſes, dit-il en montrant les deux Voyageurs, ils peuvent nous dire ce qu'il en eſt ! Il y a déjà quelque temps, répond Ismin, que nous ſommes ſortis de notre Patrie, & nous ignorons.... Rien, Meſſieurs, n'eſt plus certain que ma nouvelle, continue l'homme qui délivra Ismin de l'embarras d'achever ſa pénible phraſe... Veuille le Ciel qu'elle ſoit vraie, reprend un perſonnage qui juſques-là avoit gardé le ſilence le plus abſolu, mais qui, comme on le verra, épioit le moment où il pourroit amplement s'en dédommager ; un Prince qui prend ce moyen de chercher la vérité, mérite de la trouver, & ne peut manquer de la rencontrer. Car, quelle peut-être l'inſtruction d'un Souverain, qui n'eſt jamais entouré que d'hommes qui ont tous le même maſque, & à-peu-près les mêmes idées ? Comment, & à quels ſignes, pourra-t-il reconnoître ceux qu'il doit honorer de sa confiance ? On ne lui laisse communément que le vain appareil de la Royauté, il est réellement l'agent & l'esclave des volontés de tout ce qui l'entoure. Souvent quand il croit agir librement, il ne fait qu'exécuter un plan depuis long-temps préparé par l'intrigue. Tel est un enfant que l'on amene doucement, & sans le contrarier, au point de faire tout ce qu'on exige de lui, quand il pense ne faire alors que ce qu'il veut. S'il a des passions, on les flatte pour l'asservir, on ne lui offre jamais que des tableaux riants de l'Etat de sa Nation, on ne l'entretient que de sa puissance & du bonheur de ses Peuples. Croyez-vous qu'il puisse se trouver jamais là un homme assez vrai & assez courageux pour oser lui dire : Seigneur, votre Peuple gémit sous le poids des charges dont il est accablé, il n'a plus de libre que l'air qu'il respire ; les mandataires de votre puissance sont contraints d'en céder l'exercice à des milliers de subalternes qui ne ne font retentir, de toutes parts, le nom sacré de Votre Majesté que pour sceller les plus odieuses vexations. Vos sujets osent à peine se plaindre, ils élevent leurs yeux vers le ciel en se disant, non le Roi ne l'a pas, ou ne l'eût jamais ainsi ordonné, s'il eût pu nous voir & nous entendre : la terre ſe dévaſte, chaque jour, par un régime déſaſtreux qui exige les plus prompts remedes, pluſieurs parmi les grands pervertiſſent la Nation par l'exemple de leurs folies & de leurs d'prédations ; il eſt tel homme d'entr'eux dont l'honnête bourgeois rejetteroit avec mépris la ſociété ; il eſt tel autre qui vit ignoré loin des regards de Votre Majeſté, & que la Nation entiere appelle à l'honneur de l'aider de ſes conſeils : on vous trompe, Seigneur, ſous un faux aſpect de bonheur & de puiſſance ; plaiſe au ciel que ce deſir ſi vrai de voir vos Peuples heureux, ne ſoit pas un jour remplacé dans votre cœur par ce ſentiment pénible qui vous feroit renoncer à l'eſpoir d'en trouver jamais les moyens ! Gardez-vous également de vous livrer, & à une confiance aveugle, & à cette dangereuſe défiance qui, par un excès contraire, ne croit plus au vrai mérite ni à la vertu. Il eſt toujours, & dans les ſiecles les plus dépravés, des hommes inſtruits & vertueux que la Providence fait naître pour le conſeil des Rois & le bonheur des Peuples : l'étude d'un Souverain eſt d'apprendre à les connoître.

Eh bien, Meſſieurs, continua l'orateur après une légere pauſe, s'il ſe trouvoit un homme cap ble de parler ainsi à un Souverain, & si le Souverain avoit la sagesse de l'écouter & de le prendre lui-même pour Conseil, voici ce qui arriveroit : tout le monde applaudiroit, en apparence, au choix du Maître, mais sourdement on employeroit tous les moyens possibles de l'éconduire, & tôt ou tard on réussiroit. Car tout en disant, par exemple, qu'il n'est rien de mieux vu que ses plans d'administration, on ne manqueroit pas de lui susciter, de toutes parts, des difficultés & des tracasseries, de l'embarrasser par des formes qui sont toujours importantes dans un pays où il n'y a pas de fonds, de faire rapporter, sans cesse, que le Peuple murmure, quoique le Peuple ne fît que bénir l'Administrateur ; que la théorie des nouveaux principes est belle, mais que la pratique en est impossible : & comme l'effet du bien n'est jamais aussi promptement rempli que celui du désordre, on finiroit aisément par inspirer au Souverain des soupçons, des inquiétudes, des terreurs, qui feroient bientôt congédier l'homme de bien. Les aimables & les plaisants acheveroient l'œuvre par leurs sarcasmes, & tous se féliciteroient d'avoir, par ce petit essai, à jamais éloigné du Prince l'honnête Ministre, & tout homme qui pourroit lui ressembler.

L'Auditoire applaudit aux réflexions du dissertateur, on convint unanimement que le bien étoit très-difficile même à proposer au milieu de tant de petites Puissances intermédiaires qu'il falloit combattre, & qui toutes avoient leur intérêt dans le désordre. On ajouta que pour connoître une Nation, & son territoire, il falloit voir l'une & l'autre, que la Cour n'étoit pas l'Empire, & que les Courtisans n'étoient pas la Nation : un des Politiques avança qu'après ce moyen (de voyager sans être connu) qui souvent n'étoit pas praticable, il n'en voyoit pas d'autres, pour un Souverain ami de la vertu, que de lire beaucoup, en supposant que l'on n'exercât pas sur ses livres le despotisme que l'on exerçoit sur ses opinions Il faudroit alors, disoit-il, permettre d'écrire librement, sur-tout en respectant les Loix & les personnes. Il n'y eut, dans toute l'assemblée, qu'un homme qui secoua la tête à cette derniere proposition, & qui se manifesta bientôt pour un Censeur Royal ; titre qu'il soutint dignement en assurant qu'il se garderoit bien de donner son approbation à un Livre où seroit ce qu'il venoit d'entendre. — Eh ! qu'importeroit votre approbation, Monsieur, lui dit un jeune homme qu'on reconnut à son accent pour un naturel du midi de la Lydie ? on n'en liroit pas moins ce que vous n'approuveriez pas, par la raison qu'on n'en lit pas davantage ce que vous approuvez. Le Cenfeur Royal, qui n'étoit pas fort en reparties, fe tut en faifant intérieurement une légere obfervation fur la phrafe, dont la conftruction ne lui paroiffoit pas très-Lydienne, & en fe promettant bien de raturer largement le premier ouvrage raifonnable qui tomberoit fous fon impitoyable ftylet.

Le Prince & Ismin fortirent du Café, en riant de l'embarras du Cenfeur Royal : le Monarque fut parfaitement content de la féance, & affura fon confident qu'il venoit d'entendre là beaucoup d'obfervations dont il feroit bon profit.

CHAPITRE XXVIII.

Hôtel Royal des Invalides de Sardes. Un mot fur l'École Royale de la jeune Nobleffe.

QUoique je ne voie rien de bien neuf dans tout ce que ces Meffieurs ont dit, reprit Ismin, j'avouerai qu'ils étoient bons & affez plaifants à entendre, & qu'il eſt toujours avantageux pour Votre Majeſté de s'aſſurer que les opinions qu'elle prendroit de l'Etat des choſes, dans ſon Palais, ſont très-différentes de celles qu'il convient d'en avoir. Je ſuis plus porté que jamais à croire, répart le Prince, qu'il en doit être de la liberté d'écrire, comme de la liberté du commerce. La libre concurrence doit avoir dans le premier cas la vérité pour réſultat, comme dans le ſecond elle enfante le bon prix. L'ignorance & l'erreur, le monopole & la friponnerie me ſemblent au contraire devoir être néceſſairement l'effet de toute prohibition, pour toute eſpece de commerce.... Iſinin applaudiſſoit à l'obſervation du Monarque, & ſe préparoit à y joindre quelques réflexions, quand ils s'apperçurent qu'ils n'étoient qu'à une très-petite diſtance de l'Hôtel Royal (cette expreſſion paroiſſoit plus honnête que celle d'Hôpital) des ſoldats invalides. Voyons cette Maiſon, dit le Prince, je n'y ſuis jamais venu que pour la forme; cet établiſſement vaut bien la peine d'être examiné de près. L'édifice offroit au premier coup d'œil l'aſpect d'un ſuperbe Palais; mais il renfermoit dans l'intérieur des détails de miſere qui révoltoient tous les ſens, & auxquels il étoit impoſſible de remédier, quels que fuſſent les ſoins des Adminiſtrateurs. Il me ſemble, dit le

Roi, que si les sommes immenses qu'a dû coûter la construction de cette vaste Maison, que coûtent encore & son entretien & les frais de son administration, eussent été employées en secours réels, donnés à ces bons & anciens serviteurs, on auroit pu accorder un tiers de plus de retraites.... Je le crois, reprend Ismin, ces gens-là se retireroient dans les Provinces où ils seroient soignés par leurs parents ou leurs amis, ils acheveroient leurs jours d'une maniere plus saine & moins triste. On auroit dû au moins fonder cet établissement dans l'intérieur d'une Province, il est évident qu'on auroit pu en tirer le double avantage, & de faire vivre un plus grand nombre d'hommes, & de donner la valeur aux productions du pays.... La vanité & l'ostentation se paient fort cher, quoiqu'elles rapportent infiniment peu.... Ah! Messieurs, pardon, dit à nos voyageurs un vieux soldat qui les suivoit sans qu'ils s'en apperçussent; mais j'avois tant de plaisir à vous entendre si bien raisonner, que je n'ai pu m'empêcher d'écouter avec bien de l'attention. Ce que Monsieur vient de dire-là, continue-t-il, en regardant Ismin, est bien juste.... Oui, si l'on pouvoit nous envoyer dans nos Provinces, nous y rendrions encore quelques services, ne fût-ce que celui d'inspirer à la jeunesse les vertus & tous les sentiments dignes de la profession des armes ; c'est mal fait d'avoir l'air de jetter la vieillesse au rebut, & de ne la croire bonne à rien, car elle est bonne au moins à dire ce qu'elle a rencontré sur son chemin, & à montrer le but à ceux qui la suivent. Ici, à quoi servons-nous ? à donner le plus triste de tous les spectacles, celui de la collection de toutes les infirmités humaines .... Quand on a bien admiré notre dôme & nos marmites, on se sauve dans la crainte d'être suffoqué, & l'on détourne avec une sorte d'horreur les regards de tous les objets hideux que l'on rencontre à chaque pas .... L'état d'un vieillard, d'un infirme exige, comme celui d'un enfant, des petits soins, des attentions particulieres, qu'une administration publique ne sçauroit faire entrer dans son régime, quelque bienfaisante qu'elle soit ; car nous rendons à celle-ci la justice qui lui est due, il est impossible de lui demander plus de soins & plus d'égards ; mais je le repete, ce qu'elle ne peut donner, ne se trouve que dans l'intérieur d'une famille .... Il n'est point d'homme si pauvre, ni si abandonné, qui ne se soit menagé dans le cours de sa vie, sinon des parents, au moins quelques amis, & quelque peu fortuné qu'il soit, il préférera toujours des secours particuliers quoique foibles, à des ſecours d'Hôpital, plus abondants. Car c'eſt l'intérêt & l'amitié qui ſoignent & qui ſçavent calmer la plainte, quelles que ſoient la vertu & l'exactitude de l'étranger, ſa main n'eſt jamais ſi douce pour l'infirme que celle de l'ami.... Ajoutez à tout cela, Meſſieurs, que chacun ici a bien autant à ſouffrir des infirmités de ſon voiſin que des ſiennes, & c'eſt inévitable. Ceux de nous à qui il reſte encore aſſez de force pour ſortir de ſes ſalles infectes, ſe traînent dans les cabarets voiſins où ils vont achever de perdre le peu de ſanté qu'ils pourroient conſerver, & déshonorer la vieilleſſe. Cela eſt encore ſans remede Il eſt preſque impoſſible de ſurveiller tous ceux qu'on laiſſe ſortir pour prendre l'air, & c'eſt un heureux haſard, quand, pour la plupart, ils ne reviennent pas plus eſtropiés qu'ils n'étoient en partant. Un vieux ſoldat dans ſon village craindroit de perdre dans l'ivreſſe la conſidération attachée à ſes ſervices, & dont il jouiroit néceſſairement, car ce que la vieilleſſe craint le plus, c'eſt le mépris de la jeuneſſe. Ici tout ſe perd, tout ſe confond dans la foule, & vous pouvez juger, Meſſieurs, tout ce qui doit arriver de-là.

Le Souverain après s'être bien promis de ne pas oublier le bon vétéran, dont il prit le nom, paſſe en un autre établiſſement voiſin, deſtiné à l'éducation de la pauvre Nobleſſe; il s'agiſſoit encore-là d'un Palais & d'une adminiſtration : il étoit tout ſimple de faire ſur celui-là les réflexions que la vue de l'Hôtel Royal avoit fait naître, & de conclure qu'il eût été plus avantageux pour la nobleſſe Lydienne, de la faire élever dans des Maiſons déjà bâties & adminiſtrées. Iſmin obſerva de plus que c'étoit la nation entiere qui ſoutenoit cette pauvre Nobleſſe, & qui payoit tous les frais de ſon éducation, quoiqu'à la vérité elle parût ne payer qu'en jouant & en ſe divertiſſant infiniment.

CHAPITRE XXIX.

Tranſition de l'Auteur. Dernieres obſervations du Roi.

ICI j'ai paſſé quelques Chapitres qui renfermoient pluſieurs allégories dont l'application auroit pu devenir offenſante; je viens à celui où le Prince après avoir viſité d'autres établiſſements publics & les hôpitaux, & fait ſur tout les plus ſages obſervations, voulut, pour ſe délaſſer, voir quelques uns des petits ſpectacles qui s'étoient ſi prodigieuſement multipliés depuis un petit nombre d'années.

L'Auteur de ce Livre aſſure qu'il fut auſſi choqué des ſaletés qu'il entendit, qu'ennuyé des plates bouffonneries de ces inſipides farces, qu'il jugea également propres à pervertir & le goût & les mœurs. L'aurorité y étoit continuellement tournée en dériſion dans ſes mandataires les plus bas, il eſt vrai, mais les plus importants peut-être en ce que ce ſont ceux-là auxquels le peuple a conſtamment affaire. Tantôt il s'agiſſoit d'un denouement dans lequel cinq ou ſix poliſſons paroiſſoient ſous l'uniforme d'une garde qui n'arrivoit que pour être battue; tantôt c'étoit un ſot perſonnage, qui, ſous la robe d'un Commiſſaire Lydien, révéloit ſes friponneries, ſans qu'il en réſultât d'autre effet que celui d'inſpirer inutilement le plus grand mépris pour les fonctions du Commiſſaire-Lydien que cette ennuyeuſe ſatyre ne corrigeoit pas.

Dans les intervalles de ces raviſſantes répréſentations, le Roi promene ſes regards ſur l'aſſemblée : elle étoit remplie de filles publiques qui venoient y chercher fortune de la maniere la moins équivoque, & une foule de jeunes gens de tous les ordres qui, ſous les yeux même de l'Adminiſtration, y préparoient la ruine & la honte de leurs familles. Comment de tels abus qui blessent les regards des moins clairvoyants, se souffrent-ils aussi publiquement, dit plusieurs fois Ismin ? Croyez-vous, Monsieur, reprit un voisin ennuyé probablement de ses exclamations, qu'excepté quelques malheureux qui rient là haut des platitudes que vous venez d'entendre, on viendroit si constamment à ces spectacles ; si l'on en retranchoit ce qui vous scandalise ? autant vaudroit-il les détruire tout-à-fait ; & vous devez bien penser que c'est-là précisement ce qu'on ne fera pas .... Quoiqu'au premier aspect, ils paroissent avoir plus d'un inconvénient, cependant avec un peu de réflexion, on voit qu'ils peuvent être très-utiles ; car ils contribuent à soudroyer la police, & procurent des fonds pour les pauvres & les plus charitables établissements. Oui ; mais, reprit le Souverain, s'ils multiplient les pauvres, les fripons & beaucoup d'autres malfaisants, je vois qu'ils sont encore loin de rembourser ce qu'ils coûtent : cela pourroit bien être, répondit l'amateur, un peu étonné de l'observation : en effet il est assez étrange d'assurer des fonds de charité sur des moyens qui ruinent, & d'entretenir des désordres pour avoir de quoi soudoyer l'ordre. C'est multiplier des serpents pour les écraser sur les blessures qu'ils font, ajouta le Roi, qui ſortit à ces mots, en laiſſant le Sardien tout étourdi de la comparaiſon.

CHAPITRE XXX.

Le Roi reprend la route des frontieres de Perſe, & rentre pompeuſement dans ſes Etats. Tableau de ſon Regne.

LE Prince s'apperçut enfin que le ſecret qui ſeul pouvoit rendre ſes voyages utiles, étoit, au premier moment, tout près de lui échapper. Il ſortit de ſa Capitale dans la crainte de s'expoſer plus long-temps à être reconnu, & reprit avec Iſmin la route des frontieres de la Perſe, d'où il fit annoncer ſon retour. Il en avoit aſſez vu pour être quelquefois d'un avis oppoſé à celui de ſon Conſeil. L'hiſtoire ajoute que l'Auguſte Monarque ne tarda pas à profiter de ſes voyages, & que dans un très-petit nombre d'années, l'Empire prit une face nouvelle ſous le regne de la liberté & de la paix. Nous ignorons les moyens qu'il employa pour opérer cette heureuſe révolution; mais nous ſommes occupés de la recherche d'un ouvrage de ce même Auteur, qui doit renfermer les détails de l'adminiſtration de ce beau regne.

regne. Si nous sommes assez heureux pour le découvrir, nous nous empresserons de le traduire & de le publier, si le succès de celui-ci le fait desirer. Tout ce que nous sçavons pour le moment se réduit au tableau que voici.

On voyoit la terre se charger d'abondantes moissons, dont on se gardoit bien de détruire la valeur sous les absurdes & anciens prétextes de craintes de disette : le cultivateur pouvoit disposer à son gré des fruits de ses travaux & de l'ordre de sa culture; le Réglement arbitraire ne venoit plus s'interposer entre lui & la terre : l'industrie hors des ceps dans lesquels elle avoit si long-temps gémi, & soudoyée par de riches salaires, ne demandoit plus que l'administration diminuât la valeur des productions qu'enfantoit les revenus, jouissoit dans tous les ports de l'Empire des avantages accordés au Négociant National; on ne connoissoit plus ces ridicules & nuisibles distinctions de Regnicole & d'étranger, lorsqu'il s'agissoit de vendre & d'acheter. L'impôt pris dans sa juste proportion avec le revenu net de la Nation, & selon l'ordre de la nature qui le détermine, n'anéantissoit plus par sa forme désastreuse les sources de ce même revenu dont il etoit une partie. Les barrieres étoient brûlées, & le commis avoit embrassé une profession utile. L'Administration n'étoit occupée que du soin de tenir tous les chemins ouverts & faciles; on ne voyoit arrêter que ceux qui faiſoient embarras ; elle veilloit avec un ſoin égal ſur l'inſtruction ; tout citoyen apprenoit dès l'enfance la plus tendre l'ordre de ſes droits & de ſes devoirs, ordre ſacré qui lioit & confondoit dans un ſeul intérêt les intérêts du Souverain & de la Nation. Le Monarque n'étoit plus entouré que de ſes Miniſtres & d'un petit nombre d'hommes éprouvés, qu'une confiance éclairée avoit appellés près du Trône : on ne fit pas de loix pour obliger les oiſifs & les intriguants d'aller habiter leurs terres ; mais le froid mépris avec lequel le Prince dédaignoit d'abaiſſer ſes regards ſur eux, leur apprit bientôt qu'ils ſe morfondoient inutilement dans les vaſtes galeries du Palais, & que c'étoit dans leurs vrais revenus ſeuls qu'ils pouvoient attendre quelques faveurs. Comme la terre n'entend pas de faux compte, qu'elle ne peut jamais être ſurpriſe, & qu'elle ne rend qu'en raiſon de la miſe ; ils s'apperçurent bientôt qu'il falloit la traiter avec infiniment d'égards, & renoncer aux folles dépenſes. Bientôt ils abandonnerent la Cour & la Capitale, d'où l'on vit ſortir en même-temps tout ce qui étoit ſoldé par le luxe & les vices qui l'accompagnent ; l'argent rappellé à ſon véritable emploi ne laiſſa plus d'eſpérances de fortune au haſard, & ne fonda plus d'inutiles, & ſouvent dangereux rentiers ; tous reprirent la route des champs, où chacun ne reçoit ſa part qu'en raiſon de ſes avances & de ſon travail : les Villes ſe réduiſirent naturellement à la juſte proportion qu'elles devoient avoir avec leurs territoires, l'ordre dans leurs dépenſes fut bientôt accompagné de la douce morale qui n'eut plus à parler à des cœurs pervertis par l'habitude des vices, ni à des imaginations égarées par tous les délires de la cupidité ; les liens des familles ſe reſſerrerent de plus en plus, l'attachement à ſes foyers, le reſpect filial, toutes les vertus domeſtiques, & à la ſuite de celles-ci les vertus ſociales commencerent de renaître.... Le revenu du Souverain s'accrut rapidement avec le revenu de la Nation, au point de fournir d'abondants moyens de réparer les déſaſtres des ſiecles précédents. La repréſentation du Monarque étoit grande & majeſtueuſe ; de nombreuſes armées bien entretenues, & compoſées de citoyens attachés à cette heureuſe patrie, aſſuroient ſa Puiſſance.... La Nation entiere applaudiſſoit avec reconnoiſſance aux dépenſes publiques qui alloient ouvrir des chemins, des canaux, & fertiliſer des Provinces entieres autrefois abandonnées. Que ces temps étoient différents de ceux où les ouvrages publics les plus utiles étoient interrompus faute de ſecours, où l'on étoit ſans ceſſe obligé de contracter de nouveaux engagements pour ſatisfaire aux anciens! Temps malheureux où le Prince le plus ſincérement ami de l'ordre & de la juſtice, le plus digne par ses hautes vertus de représenter les divins attributs de l'Eternel, sembloit réduit à ne pouvoir que former d'inutiles vœux pour le bonheur des Peuples dont il étoit adoré!

La paix au dehors étoit constamment assurée par la sage Administration de l'intérieur, il n'existoit plus même de prétextes qui pussent donner lieu à ces guerres aussi funestes qu'absurdes, qui n'avoient pour causes que des rivalités de trafic, de petits intérêts de cupidité toujours punies par de propres pertes. Ce Prince aussi juste qu'instruit, avoit appris à ne plus fonder l'opulence de sa Nation que sur la fertilité de son territoire; la liberté & l'abondance appelloient sur ses frontieres les Peuples les plus reculés, désabusés pour la plupart de leurs funestes préjugés d'exclusion & de rivalité, ils se hâterent d'imiter ce grand exemple, & comprirent enfin que l'humanité entiere ne peut avoir qu'un intérêt commun de puissance & de prospérité. On croit que les Egyptiens, les Perses & les autres Nations qui ont mérité la plus haute réputation de sagesse dans l'antiquité, sont restées long-temps fideles à ces principes, & n'ont cessé d'exister que dès l'instant où elles ont commencé de les méconnoitre.

Tel fut le beau regne du sage Roi Melès. Sa Nation a fini sous celui de l'insensé Crésus.

FIN.

NOTES.

(*a*) LA Lydie étoit une vaste & superbe région qui comprenoit autrefois toute cette partie occidentale de l'Asie connue sous le nom d'Asie mineure, & depuis divisée en cette prodigieuse quantité de petits Etats dont les noms même pour la plupart sont tombés dans l'oubli. Les différents Royaumes étoient donc du temps du Roi Melès, autant de Provinces du même Empire Le Gouvernement étoit celui qui convient à un état agricole, & qui ne peut être que le Gouvernement Monarchique légal. Notre Auteur ne dit pas le temps dans lequel il place le regne de Melès, il faut croire que ce grand Prince vécut plusieurs siecles avant Crésus; au moins cela est-il ce qu'il faut supposer.

Sardes étoit célebre par la beauté & la richesse de son territoire. Les côteaux du Tmolus étoient couverts de vignobles excellents & très-renommés; les moissons les plus abondantes en bled, en grains de toute espece couvroient la plaine qui s'étendoit depuis le pied de la montagne jusqu'au fleuve Hermus, dont les eaux tranquilles arrosoient les gras pâturages qui embellissoient ses rives. Ce fleuve ne le cédoit pas en avantages au brillant Pactole si fameux par l'or qu'il rouloit dans son cours.

On remarque que cette éducation qu'avoit reçue le Roi Melès est à peu près celle que l'on a toujours donnée aux Rois. Il faut espérer qu'enfin leurs instituteurs changeront de maniere, & leur enseigneront un jour le contraire de ce qu'on leur a toujours dit... Ces nouveaux principes se réduisent à si peu de chose, & sont si faciles à retenir : par exemple, on pourroit leur dire dès l'enfance la plus tendre qu'un Roi ne doit jamais mettre sa volonté à la place de la loi, & qu'il trouvera des difficultés à tout, quand il voudra tout ordonner & tout défendre ; ces deux principes bien entendus, le Souverain comprendra aisément que l'administration n'a plus rien a faire que d'ouvrir les chemins, & d'en écarter les malfaisants, sous quelque forme qu'ils se présentent.

J'oubliois de prévenir qu'il est beaucoup d'observations que j'ai été obligé de rejetter dans les notes pour ne pas interrompre le fil de la narration. Il en est d'autres encore qu'on desireroit peut-être, mais qui peuvent aisément se supposer, & que le Lecteur voudra bien faire lui-même. Il ne manquera sûrement pas d'imaginer sans que je le dise, que le Roi Melès avant que d'entreprendre ses voyages, avoit pourvu à l'administration de ses Etats ; j'ajouterai qu'il se trouvera quelques endroits dans le texte dont je prie tout Lecteur bénévole de ne juger le sens qu'après avoir lu la note qui lui sera relative.

(*b*) Ce n'a pas été en Lydie seulement que l'ignorance & la mauvaise foi ont semblé se plaire à toujours confondre la liberté avec la licence. J'ai souvent entendu de graves raisonneurs que l'on devoit croire plus instruits, opposer sérieusement les dangers de la licence à tout ce qu'on pouvoit dire en faveur de la liberté, & assurer que tout seroit confondu & bouleversé, si chacun étoit libre de disposer à son gré de ses facultés & de ses biens. Cet absurde blasphême contre le droit le plus sacré de la nature a été imprimé plus d'une fois ; on l'a répété dans les sallons, & les Dames frémissoient à ce seul nom de liberté, car elles ne s'attendoient à rien moins qu'à voir tout ravager par le fer & par le feu; & cette idée que les Dames ont bien vou'u prendre de la liberté, est celle que l'on s'efforce d'en donner aux Rois: jamais cependant ils ne seront vraiment grands & puissants, qu'alors qu'ils auront à gouverner des hommes dignement libres.

La liberté est l'usage & l'emploi de tous ses moyens sans lésion d'autrui, sous l'œil d'une administration éclairée qui instruit & avertit. La licence est l'abus de tous les moyens, nécessités souvent même par la force qui veut tout contraindre; jamais la licence ne tentera l'homme vraiment libre, mais gardez-vous de l'esclave s'il trouve un moyen de briser ses fers.

Ce seroit bien ici l'occasion de dire un mot particuliérement de la liberté d'écrire pour & contre laquelle on a jusqu'à présent tant discuté... Il paroît en général que l'on dispute moins sur le droit d'arrêter un Ouvrage, que sur la forme dont on use en pareil cas. Quand un mauvais Livre & son Auteur ne s'arrêtent pas d'eux-mêmes, l'autorité sans doute doit paroître & infamer tout ce qui tend à troubler le repos public & particulier : mais pourquoi ne se revêt-elle pas du caractere sacré & imposant de la Loi? Quelque juste que soit un jugement arbitraire, il révoltera toujours par cela seul. L'homme en place qui se le permet, peut être accusé de venger moins un attentat contre l'ordre public qu'une petite injure particuliere, & l'on dit alors avec une sorte de raison qu'il n'est pas juste de traiter au nom de l'Etat & comme affaire d'Etat une affaire personnelle.

Quelle douleur pour des Ecrivains dont l'intention véritable est de se rendre utiles, & qui par cela seul méritent quelques égards, de se voir continuellement exposés à être compromis par les mêmes défenses avec des malheureux qui n'ont rien de sacré, qui se permettent les plus odieux excès, qui attentent par d'infâmes libelles aux plus respectables réputations, qui, semblables à de lâches assassins, ne frappent leurs coups que dans les ténébres, hommes aussi dangereux que méprisables, indignes également du nom d'Auteurs & de citoyens, & que les plus licencieuses sociétés rejetteroient avec horreur de leur sein.

Quand nous parlons de la liberé d'écrire, que l'on veuille donc bien entendre que nous demandons la liberté de communiquer avec nos concitoyens, sous la sauve garde du plus religieux respect pour les loix & & l'autorité, & non cette odieuse liberté, ou pour mieux dire cette licence effrenée que nous observons, & a la juste punition de laquelle nous nous empresserions d'applaudir

(c) Il est bien étonnant que dans un siecle de philosophie tel que celui du Roi Melès, on n'ait pas imaginé d'autres moyens de détruire la mendicité, il n'est pas moins étonnant que dans notre siecle, qui assurément ne le cede à aucun autre en lumieres, en générosité & en bienfaisance, les Administrateurs de presque tous les Etats modernes n'aient encore rien imaginé de mieux que les Administrateurs Lydiens : on pourroit cependant citer une de ces maisons de force où à cela près de la captivité, qui souvent est très-justement méritée, les mendiants sont traités comme des hommes, nourris sainement, vêtus & soignés. On devroit bien au moins, en attendant mieux, former sur ce modele les établissements de ce genre. Le digne Administrateur à qui l'on doit ce monument de bienfaisance éclairée, est assez désigné sans que je le nomme, par les regrets d'une Province entiere au milieu de la joie qu'elle ressent de le voir appellé par la confiance du Souverain & les suffrages publics sur un théâtre plus élevé.

(*d*) Cette Loi meurtriere qui condamne à la mort l'homme coupable du vol seul, est en vigueur dans presque tous les Gouvernements : il ne paroît pas que l'on s'occupe des moyens de lui substituer une Loi moins cruelle & plus juste. S'il étoit dangereux de la détruire subitement, ne seroit-il pas possible au moins de la laisser tomber en désuétude, & d'accoutumer ainsi le peuple à ne plus la regarder que comme la peine des plus grands crimes ; il en résulteroit, ce me semble, beaucoup plus d'avantages.

1°. Cela seroit plus juste & cette seule raison devroit suffire à qui sçait que le juste finit toujours par être ce qu'il y a de mieux à faire.

2°. La peine de mort étant plus rare, seroit infiniment plus d'impression, & inspireroit plus d'horreur pour les crimes dont elle seroit la punition ; l'horreur pour des crimes influeroit sur les fautes moindres, & contribueroit probablement à les rendre elles mêmes moins communes.

Une Loi cruelle & sans proportion avec le délit qu'elle punit, a un effet inexplicable de réaction sur le peuple qui le rend féroce. Les Pays où subsistent de telles loix, ont fréquemment à punir des crimes qui font frémir l'humanité & dont on ne voit pas d'exemples ailleurs. Je me rappelle, & jamais sans indignation, d'avoir entendu souvent citer comme raison suffisante de de la peine de mort prononcée contre le vol, la difficulté de garder les voleurs & de les employer; on ne peut répondre à cette féroce absurdité que par une loi qui punisse les blasphêmes contre la raison, la justice & l'humanité.

Il faut avouer que nos loix criminelles ne sont gueres moins vicieuses encore dans leurs explications ambiguës, & dans les formes qu'elles prescrivent par l'instruction des procès: pourquoi jetter l'homme non condamné, mais simplement accusé dans un cachot infect où il est abandonné aux plus effrayantes réflexions, supposé même qu'il soit innocent? Pourquoi l'interroger d'une maniere captieuse? Pourquoi lui tendre des pieges, essayer de le mettre en contradiction avec lui-même, appuyer sur des détails minutieux des circonstances que l'esprit le plus libre auroit peine à concilier, exiger qu'il s'en souvienne & lui laisser comme à dessein le temps de les oublier, l'embarrasser sans cesse par des suppositions étrangeres au fait pour détourner son attention de l'objet principal de sa défense? Cette conduite peut-elle jamais se justifier par la crainte de donner au crime les moyens de s'échapper en négligeant tous ceux qui paroissent propres à les surprendre? Pourquoi séparer un accusé de tous ceux qui pourroient le secourir, lui enlever jusqu'aux plus foibles ressources de conseil & d'appui, enfin pourquoi toute cette procédure ne se fait-elle pas publiquement? Voilà autant de questions auxquelles ce que l'on appelle en France un bon Criminaliste auroit peine à répondre lui-même en face de la raison & de la justice.

De toutes les raisons que l'on peut donner pour motiver en apparence le refus d'un conseil à l'accusé, & la mystérieuse obscurité de la procédure, la plus forte, ce me semble, est la crainte de donner avis aux complices du crime, s'il en est, du danger qui les menace : mais l'inconvénient de voir s'échapper un coupable, peut-il jamais balancer celui d'exposer l'innocent au danger de succomber ? C'est toujours le crime que supposent ces Loix cruelles.

Il faut convenir qu'un objet aussi important que la réforme d'une telle Législation mérite au moins la peine d'être sérieusement & promptement exécuté : nous sommes si bienfaisants, si généreux, ne seroit-ce pas aussi le temps de nous montrer un peu plus justes ?

(e) Le Paysan Lydien avoit raison, c'est la Souveraineté seule qui doit se charger sur son revenu de la construction & de l'entretien des chemins. On voit dans quelques Etats voisins établir des commis & des barrieres sur les routes pour en faire payer l'entretien aux passants, & beaucoup de gens trouvent cet arrangement aussi commode que juste. Il cessera de paroître tel quand on voudra bien remarquer que cette dépense est une des charges de l'impôt que le Souverain doit regarder comme dépense qu'il est de son plus grand intérêt d'acquitter. La facilité, la commodité, la sûreté des communications, accélerent la consommation, la reproduction, qui augmentent le revenu national avec lequel s'accroît ainsi le revenu du Prince, voilà ce qu'il ne faut jamais perdre de vue. Quelque modique que soit un droit de cette nature, pris sur les passants, indépendamment de ce qu'il est injuste de l'exiger, puisque dans une Monarchie bien ordonnée, il seroit censé acquitté par l'impôt; il a toujours les inconvénients des Commis & des barrieres dont les frais sont en pure perte, & retombent sur la Nation. C'est, dit-on, le voiturier qui use le chemin, qui paie; mais ne voudra-t-on jamais voir que c'est toujours le propriétaire qui finit par payer? Le voiturier enchérit la voiture de ce qu'il est obligé de payer aux barrieres: le Négociant assurément, quelque honnête qu'on le suppose, ne fera pas présent de ces frais à celui qui consomme, à un denier près. Il en sera donc de cet impôt comme de tous les impôts indiscrets dont chacun rejette la charge sur celui qui l'emploie, jusqu'à ce qu'il retombe sur la terre qu'il dévaste après avoir semé tous les lieux de son passage, des embarras & des désordres accoutumés.

On observera toujours que nous raisonnons dans l'hypothèse d'une Monarchie & conséquemment d'un Etat agricole.

(*f*) Je serois assez de l'avis du Soldat Lydien: je crois qu'une armée composée & traitée selon ses principes seroit rarement battue par une plus nombreuse armée de Héros mal payés, que l'on conduiroit patriotiquement à la gloire avec des coups de bâton. La discipline la plus exacte, la plus sévere est le premier lien & la vraie force des armées sans doute; mais ces moyens doivent toujours être pris dans la nature, & même j'ose le dire, les préjugés des hommes que l'on conduit, dans l'opinion qu'ils doivent avoir d'eux mêmes, & du métier qu'ils font. Il est important de distinguer dans une punition l'idée d'infamie bien ou mal raisonnée qu'elle comporte avec elle, du mal qui fait réellement la punition; & voilà ce qu'on a tort de confondre.

Les coups de bâton ou de tel autre instrument, peuvent très-bien convenir à une Nation qui craint le mal que fait le coup & rien de plus, mais cette punition pour des fautes légeres est trop forte pour la Nation qui craint moins le mal que la honte du coup, & alors elle ne doit donc être employée que dans les cas les plus graves. Le préjugé qui rend une telle peine odieuse doit être infiniment respecté; car il seroit difficile de mettre à sa place quelque chose qui valût mieux pour qui sçauroit en tirer parti.

Il y a long-temps qu'on a dit pour la premiere fois que l'opinion étoit la Reine du monde; cette maxime est une de celles que l'on ne devroit jamais oublier. On peut prendre d'une Nation voisine ses grands drapeaux, ses Jokeis & sa maniere de trotter, on peut prendre encore de telle autre ses temps d'exercice, & jusques-là tout est à peu près indifférent, mais il ne faut pas aller plus loin, ni croire qu'il soit bien avantageux, ni aussi facile de faire, par exemple, d'un Français une machine Allemande ou Russe, qu'il le seroit d'écourter son habit ou d'en varier la couleur. L'opinion ne se change pas par des ordonnances, quoi que puisse en dire le Caporal *Schlag*.

(g) La conclusion de ce chapitre seroit-elle qu'il conviendroit pour le bien d'une Nation Monarchique de détruire la Noblesse? Non assurément, ce n'est pas-là l'intention de l'Auteur qui pense au contraire qu'il ne peut exister de vraie Monarchie sans Noblesse; mais sa véritable intention qui n'eſt jamais celle de détruire, feroit ſans doute d'attaquer des préjugés qui empêchent de ramener la Nobleſſe à la véritable inſtitution. Elle doit ſe conſerver & ſe perpétuer par les mêmes moyens qui l'ont fait naître. Qu'un Noble ceſſe donc de ſe dire utile à l'Etat, l'appui & le ſoutien de l'Etat, le défenſeur du Trône, & l'honneur de ſa Nation par cela ſeul qu'il eſt d'une race illuſtre; qu'il ceſſe de ſe croire excluſivement deſtiné à remplir les places les plus importantes, s'il ne fait avant les preuves de ſon nom, celles de ſon mérite, & qu'il ne dédaigne pas d'entrer en concours de travaux & de ſervices avec l'homme qui n'attend que l'occaſion peut être de ſe créer un nom, & qui ne l'eſpere que de ſes moyens. Les vrais Nobles applaudiront à ces réflexions, & ne croiront pas déroger dans rien de tout ce qui les aſſociera au devoir de mériter. Il en eſt beaucoup dans cet ordre diſtingué, & que l'on pourroit citer comme dignes perſonnellement des juſtes hommages que leur rend la Nation qu'ils honorent par leurs vertus & leurs ſervices. Voilà, je le répéte, les vrais Nobles, les vrais appuis de l'Etat & du Trône, ce n'eſt pas leur généalogie qu'il faut comparer, mais c'eſt leur vie qu'il faut imiter pour acquérir le droit de ſe dire leurs égaux.

(*h*) C'étoit bien là encore une grande erreur des Lydiens que cette opinion qu'ils avoient des manufactures. Rendons graces au Ciel d'être aſſez éclairés pour voir qu'une Nation agricole ne peut s'accroître en richeſſes & en puiſſance que par l'abondance & la bonne valeur de ſes productions; que ſi l'on diminue cette valeur pour épargner ſur les frais de main-d'œuvre de l'induſtrie, on attaque les revenus dans leur ſource, & qu'ainſi on détruit l'induſtrie, même en voulant la faire proſpérer. C'étoit à l'adminiſtration du ſiecle précédent que les Lydiens devoient ce malheureux ſyſtême qui ne tendoit à rien moins qu'à détruire toutes les richeſſes territoriales. Un Miniſtre de ce temps, grand homme ſans doute, à bien des égards, s'étoit laiſſé aveugler par les plus dangereuſes ſpéculations; ſéduit par le ſpectacle brillant des avantages que retiroit de ſon trafic une Nation voiſine, ſans conſidérer que le trafic qui eſt la ſeule reſſource d'un nation ſans territoire, ruine infailliblement au contraire une Nation agricole, il fit des Lydiens une Nation trafiquante & voituriere; ſéduit encore par l'éclat des manufactures de luxe, il appella de tous côtés l'induſtrie qu'il fallut payer très-cher, nourrir à bon marché, & maintenir ainſi, au grand déſavantage de la culture qui tomba néceſſairement ſous ce régime, en friches & non-valeurs. Bientôt donc elle ne put fournir entiérement à l'impôt qu'il fallut établir ſur l'induſtrie elle-même de trafic & de manufacture, avec force barrieres & privileges. L'opération finit par devenir un ſyſtême déſaſtreux de finances, qui fit bientôt paſſer dans la Capitale, où rien ne ſe reproduit, les fonds de la reproduction. Il s'établit alors un trafic d'argent à intérêt, qui fonda un revenu réel pour le particulier, mais imaginaire pour la Nation qui ſe dévoroit elle-même, & qui ne donna quelques ſignes de douleur qu'au moment où le mal étoit à peu près ſans remede.

Il eſt inutile d'ajouter à ce tableau celui de la chûte des mœurs, néceſſitée par le luxe & la miſere, effets certains de la rapide deſtruction & renaiſſance des fortunes d'argent. Jamais il ne fut mieux démontré par le fait que l'ordre physique & moral sont inséparablement unis.

(*i*) Ce Chapitre prouve que tous les Procureurs de tous les temps & de toutes les contrées du monde, ont constamment eu les mêmes principes, & les conserveront long-temps encore si l'administration n'y met ordre. On a beau les plaisanter sur les théâtres, dans les sociétés, ils ont l'esprit trop bien fait pour se fâcher, & sont les premiers à rire de maître *sangsue*; il en est plusieurs assurément d'une probité intégre, mais cela ne suffit pas pour rassurer sur les dangers de la chicane. Je croirois donc qu'il ne faudroit plus plaisanter ces Messieurs, mais les surveiller de près & les contenir avec la plus grande fermeté. Est-il rien de plus cruellement ridicule que toutes ces écritures dont le style grotesquement barbare, coûte si cher pour ne rien dire, dont tel mot absolument inutile revient à chaque moment pour tenir sa place dans la ligne, & conséquemment se faire payer. Pourra-t-on croire quelque jour qu'on ait été obligé de prescrire pour chaque page de ces étonnantes pieces d'éloquence, le nombre, la hauteur, les intervalles des lignes, & que ces terribles écrivains aient encore trouvé le moyen, malgré de telles précautions, de se faire payer des volumes entiers d'une aussi étrange composition. Cette dévorante engeance s'est multipliée à un point révoltant dans les villes & les campagnes, & ce n'est pas un fléau passager comme le seroit une irruption soudaine de sauterelles, de hannetons & d'autres insectes malfaisants; mais c'est un fléau constant, toujours renaissant parmi nous, on ne peut échapper à ses ravages qu'en cédant sans dispute la plus grande partie de sa propriété

propriété au premier venu qui l'attaquera, plutôt que d'essayer de la défendre.

(k) En même temps que l'on rend & doit rendre hommage aux vrais sçavants qui s'occupent avec succès des connoissances les plus utiles, on ne sçauroit, en vérité, se dispenser de frapper du ridicule cette tourbe de charlatans & de petits docteurs, pour lesquels toute explication de la nature paroît n'être qu'un jeu. Cette sotte prétention à l'omni-science a gagné nos Provinces, & je doute qu'il y ait jamais eu en Lydie autant de Sociétés de Lettrés que nous en voyons chez nous. Il est même très-peu de nos Dames qui ne s'occupent avec le plus grand succès des plus profondes recherches, & qui ne soient très-excellentes physiciennes, métaphysiciennes, botannistes, chimistes; c'est une vraie merveille d'entendre comment avec de l'air fixe, de l'air inflammable, elles vous expliqueront tout, jusqu'à la cause efficiente des délicieux sentiments qu'elles inspirent. Ce n'est plus avec des vers qu'on peut leur plaire, tout a changé, un homme à bonnes fortunes, qui veut obtenir quelques légeres faveurs, doit au moins se mettre en état de professer un petit cours de physique ou de chimie.

(l) Il est très-probable que l'Auteur n'a eu dans ce Chapitre d'autre but que d'avertir du danger de confondre la vertu avec le devoir. Nous croyons l'observation très-importante pour tout pays où la disposition des esprits est telle que la mode y devient communément la seule régle que l'on consulte; & il ne convient pas d'y exposer la vertu à être traitée comme une affaire de mode qui passe & finit même par ennuyer.

Il eſt inutile d'ajouter qu'on ne doit faire aucune application de cette critique à quantité d'honnêtes gens qui de bonne foi, en formant de tels établiſſements dans leurs terres, ont eu la très-louable intention d'y fonder le regne des mœurs les plus pures. Ceux-là qui devoient ſe connoître en intentions jugeront celle de l'Auteur comme il deſire qu'elle ſoit jugée.

(*m*) Je ne ſçais trop comment on s'y prendroit pour empêcher qu'il n'y ait foule & embarras dans un court eſpace où ſe trouve raſſemblé le Peuple de dix Provinces. On ne peut pas non plus mettre le feu aux quatre coins d'une Ville pour en rebâtir immédiatement une autre dont les rues ſoient larges & garnies de trottoirs, parce qu'il plaît à un faiſeur de livres de répéter ce que tout le monde ſçait, que les rues ſont trop étroites. On pourroit tout au plus mettre à profit l'événement s'il arrivoit naturellement.

On ſe plaint par exemple de la maniere dont nos Peres ont bâti notre Capitale, on trouve très-mauvais qu'ils n'aient pas percé de larges rues avec des chemins ſur les côtés pour les gens à pied : mais nous prions ces ſages critiques de vouloir bien ſe rappeller que les Villes & les cabriolets n'ont pas préciſément commencé enſemble, & que la Ville telle qu'elle étoit alors, ſuffiſoit à des gens qui n'avoient pas tant d'affaires que nous, & qui ne tenoient pas plus de place dans les rues les uns que les autres. Ceux qui ſe permettoient d'y aller à cheval, en raiſon de leur dignité & importance, alloient très-doucement. Il y a tout lieu de croire qu'on avoit bien le temps de ſe ranger du paſſage d'un Conſeiller de Grand'Chambre quand il s'acheminoit ainſi vers le

Palais. Les charrettes devoient bien s'accrocher quelquefois, mais comme l'allure générale étoit douce, & qu'il n'y avoit personne devant ni derriere qui pressât, tout s'arrangeoit, & les Auteurs du temps qu'on éclaboussoit moins, trouvoient les rues assez larges. Si nos peres eussent pu prévoir que leurs petits enfants dussent en si grand nombre faire fortune & aller en carosse, je suis assuré, à en juger par-tout ce qu'ils ont fondé pour le bien de ceux qui les suivroient, que non seulement ils auroient élargi les rues, mais que les bonnes gens auroient encore établi un hôpital à chaque carrefour pour les futurs blessées du quartier.

FIN.

TABLE DES CHAPITRES
contenus dans ce Volume.

FIN DE LA TABLE.

www.ingramcontent.com/pod-product-compliance
Ingram Content Group UK Ltd.
Pitfield, Milton Keynes, MK11 3LW, UK
UKHW012027240726
13965UKWH00002B/623